교토

하야시야 다쓰사부로 지음 | 김효진 옮김

일러두기

1. 이 책은 국립국어원 외래어 표기법에 따라 외국 지명과 인명 및 상호명을 표기하였다.

2. 서적 제목은 겹낫표(『 』)로 표시하였으며, 그 외 인용, 강조, 생각 등은 따옴표를 사용하였다.
   예)『교토 사적 연구』,『일본서기』,『야마시로국 풍토기』

3. 이 책은 산돌과 Noto Sans 서체를 이용하여 제작되었다.

교토 거리의 시라카와메

서쪽 하늘에서 내려다본 교토 전경

히에이산이 보이는 산요의 고택

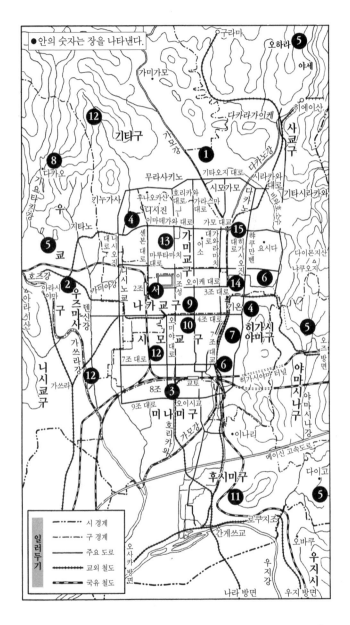

●안의 숫자는 장을 나타낸다.

가미가모
구라마
오하라 ⑤
야세
다카라가이케
히에이산
12 기타구
가모강
다카노강
사쿄구
①
무라사키노
기타오지 대로
시라카와 대로
기타시라카와
⑧
다카오
시모가모
다카노
호리카와 대로
후나오카산
가라스마 대로
가모 대교
디지진
이마데가와 대로
⑤
교
키누가사
센본 대로
마루타마치 대로
대가와
어로라마
치
⑮
하루반
요시다
다이몬지산
나쿄오지
⑤
대리
오
⑬
가미교구
센본 대로
⑥
호즈강
니시노교
2조성
이조성
오이케 대로
⑭
②
우즈마사
덴신강
서
⑨
3조 대로
⑤
구
가쓰라강
나카교구
오미야
4조 대로
기온
④
오즈방면
가쓰라
⑩
히가시야마구
⑦
시모교구
7조대로
야마시나구
⑫
7조 대로
⑥
교토
히가시야마 터널
야마시나강
8조
③
9조 대로
오이시교
메이신 고속도로
이나리
미나미구
호리카와
가모강
다이고
⑤
후시미구
⑪
로쿠지조
간게쓰교
오사카방면
우지강
오바쿠
우지시
일러두기

시 경계
구 경계
주요 도로
교외 철도
국유 철도

나라 방면
우지 방면

7

목차

머리말

 봄은 꽃, 어서 보러 오세요 히가시야마東山, 색향을 다투는 밤 벚꽃. 〈교토의 사계京の四季〉의 노랫말처럼 교토에는 철마다 명소가 있다. 가을빛 짙은 가초산華頂山, 소나기를 싫어하는 지우산 받쳐 들고, 단풍에 젖은 조라쿠지長楽寺라며 교토의 가을을 노래한 대목도 있다. 왕조 이래 사가노嵯峨野의 달구경, 오노小野의 설경, 다이고醍醐의 꽃구경 등 많은 명소가 있다. 이처럼 교토의 사계절은 교토를 찾는 사람들에게 큰 기쁨을 주었다.

 교토의 사계는 자연 경관만이 아니다. 철마다 열리는 연중행사가 사계절의 변화를 알려준다. 초봄의 기온 오케라 마이리おけら參り를 시작으로 세쓰분節分(입춘 전날) 행사로 북적이는 요시다, 봄꽃이 만발할 무렵에 열리는 야스라이 마쓰리, 미부의 대염불 법회가 끝나면 가모의 경마와 아오이 마쓰리가 이어진다. 여름이 무르익으면 기온 마쓰리의 야마보코 순행이 7월 내내 시민들을 흥분의 도가

니로 몰아넣는다. 백중날 조상의 혼백을 맞이하는 큰 대
大 자의 횃불이 타오를 즈음이면 어느새 다가온 가을의 기
색이 가모 가와라의 쓸쓸한 정취를 자아낸다. 10월은 고
류지広隆寺(광륭사) 우시牛(소) 마쓰리에 이어 헤이안 신궁
의 지다이時代 마쓰리가 열린다. 역사는 길지 않지만 헤이
안 시대부터 메이지 유신까지의 역사와 풍속을 재현한 관
광적 가치가 뛰어난 축제이다. 같은 날 구라마에서는 불火
마쓰리가 열린다. 아라시야마嵐山의 단풍이 지고 11월이
지나면 갑작스러운 추위와 함께 겨울이 밀려온다. 겨울은
미나미좌座의 배우 전원이 출연하는 가오미세顔見せ 흥행
과 함께 시작된다. 전통 있는 연중행사와 아름다운 자연
경관이라는 씨실과 날실이 서로 교차하며 교토의 사계를
엮어낸다.

　이런 방식으로 교토 안에서 사계절을 구분할 수 있다면
천년 고도의 세월도 되돌아볼 수 있으리란 생각이 들었
다. 1년을 사계절로 나누듯 천년을 나누려면 얼마나 많은
단락이 필요할지 짐작조차 되지 않는다. 교토라는 공간
을, 천년이라는 시간으로 구분하는 것은 꽤나 흥미로운 일
이었다. 거꾸로 말하면, 천년의 역사를 지리적으로 표현

하는 것이다. 공간을 시간으로 구분하고, 시간을 공간으로 나타내는 과감한 시도가 바로 이 책이다. 그것이 가능할지 어떨지는 잘 모르겠지만, 그 가능성은 아마 일본에서도 교토만이 갖고 있지 않을까.

그런 이유로 이 책에 교토의 모든 것을 담아내지는 못할 것이다. 하지만 교토가 근대적 도시인 동시에 역사적 도시라고 불리는 구체적인 이유가 조금이라도 분명해진다면 내 목적은 달성된 것이다. 예컨대 오닌·분메이의 난으로 교토가 초토화된 후에도 여전히 천년 고도를 칭할 수 있었던 이유는 무엇일까. 나는 왕조의 모든 유적이 모모야마 시대의 유산으로 부흥했다는 사실을 밝히고 게이초, 겐나, 간에이 시대가 교토 역사에서 차지하는 위치를 확인함으로써 그 해답을 얻을 수 있으리라고 생각한다. 또 메이지 유신에 즈음한 도쿄 천도로 쇠퇴할 운명을 맞은 교토가 보란 듯이 근대화에 성공할 수 있었던 이유는 과연 무엇이었을까. 나는 마키무라 마사나오槇村正直, 아카시 히로아키라明石博高, 기타가키 구니미치北垣国道와 같은 선각자들의 정책을 살펴보며 그들의 위대한 업적이 현대의 교토에 기여한 바를 고찰함으로써 그 유래를 알게 되리라고 생각한다. 특히 교토의 근대화 과정은 오늘날 관광 사업에만 의지하고 있는 교토시의 정책의 빈곤을 예리하게 꼬집는다.

다만 내가 이 책에서 주력한 부분은 앞서 이야기한 부분에 있기 때문에 현재 교토의 32만 가구 130만 시민이 직면하고 있는 정치·경제상의 구체적인 문제에 대해서는 거의 다루지 않았다. 그들의 선조들이 이룩한 도시의 모습과 거기에서 비롯된 교토 사람들의 기질에 관해 새로운 견해를 조금 덧붙인 정도이다. 예컨대 내가 교토에 대해 가장 자주 듣는 질문은 일견 고도古都라는 보수적인 지반에서 제1회 보통선거 당시 무산無産 정당의 국회의원을 2명이나 당선시키는 등의 혁신이 일어날 수 있었던 이유에 대한 것이다. 여기에 대해서도 직접적인 설명은 하지 않지만, 이 책의 행간에서 어떤 이해를 얻을 수 있을 것이다.

어쨌든 교토의 역사를 다룬 책들은 교토 붐이라고 할 만큼 많지만, 일본 안에서 교토만이 가능한 역사와 지역의 결합을 추구한 책 한 권 정도는 있어도 나쁘지 않을 것이다. 이 보잘것없는 책을 엮어내면서 선학, 지우들의 많은 도움을 받았다. 삽입된 사진 일부에 대해서도 책 말미에 추록한 분들의 신세를 졌다. 그 밖에 이와나미 서점의 호리에 스즈코 씨, 다무라 요시야 씨에게도 큰 도움을 받았다. 다무라 씨는 이 책의 교정본을 들고 교토를 돌며 대부분의 사진을 직접 찍는 등의 열렬한 협력을 아끼지 않았다. 각 장마다 소개된 지역의 지도 제작과 교정 및 색인을 도와준 요코이 기요시, 지질도와 후시미의 복원도를 그려준 구사카 유기 등의 친절에 깊은 감사를 드린다.

하야시야 다쓰사부로

잊혀가는 신센엔

서장
호저의 풍토
—신센엔—

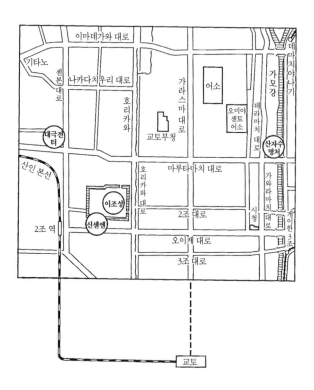

이마데가와 대로

기타노

센본 대로

나카다치우리 대로

호리카와

가라스마 대로

어소

오미야 센토 어소

가모강

데라마치 대로

교토부청

대극전 터

산인 본선

산자수명처

마루타마치 대로

2조 역

이조성

신센엔

호리카와 대로

2조 대로

가와라마치 대로

시청

게이한 3조

데마치야나기

오이케 대로

3조 대로

교토

오이케

  교토는 신센엔神泉苑(신천원)에서 탄생했다. 그럼에도 교토를 방문하는 사람들에게 신센엔은 낯선 이름일 것이다. 사실 최근에는 교토 시민들에게조차 관심을 받지 못한다. 하지만 오이케御池라면 교토를 아는 사람은 누구나 알 것이다. 오이케 대로에는 교토 시민을 위한 시청도 있고, 관광객을 위한 유명한 호텔도 있다. 전후 소개疎開 부지를 정비해 도로 폭을 넓히면서 기온 마쓰리의 야마보코 행렬

봄 안개 낀 니시야마가 둘러싼 교토시청 앞 광장 너머로 오이케 대로가 서쪽으로 곧게 뻗어 있다.

이 지나는 길로 일약 유명해졌다. 조금 더 설명을 덧붙이기 위해 교토의 어린이들이 큰 소리로 암송하는 '마치町 이름 외우기' 노래를 소개한다. '마루丸·다케竹·에비스夷·니に·오시押·오이케御池, 아네姉·산三·록카쿠六角·다코蛸·니시키錦, 시四·아야綾·부쓰仏·다카高·마쓰松·만万·고조五条'… 바둑판의 눈과 같은 격자형 도로의 동서 대로를 북쪽에서부터 읊은 노래이다. 오이케 대로는 2조条와 3조 대로 가운데 있기 때문에 어린이들이 마루·다케·에비스·니·오시·오이케까지를 한 호흡으로 읊은 후 한숨 돌리는 대목이다.

신센엔은 이 오이케라는 이름의 유래가 된 정원 연못으로, 오이케 대로의 오미야니시大宮西에 있다. 옛 모습을 기억하는 사람들은 '히젠 상'이라는 애칭으로도 부른다. 교토의 지명은 독특하게 불리는 경우가 있다. 신센엔을 시젠넨이라고 부르고, 이를 애칭화해 시젠 상이라고 부르기도 하고, 숫자 7을 뜻하는 시치しち를 히치라고 말하는 습관 때문에 시젠 상을 히젠 상으로 부르는 사람들이 생기면서 오랫동안 히젠 상이라는 애칭으로 불렸다. 신센엔은 본래 동서로는 오미야와 미부, 남북으로는 2조와 3조에 이르는 동서 2정町, 남북 4정의 광대한 지역에 조성된 혜

이안쿄 왕궁의 금원禁苑(궁궐 안에 있던 동산이나 후원-역주)이었다. 겐린카쿠乾臨閣(건림각)라는 정전에서 유연遊宴을 열거나 연못의 선녀용왕에게 기우제를 지냈다고도 한다. 구카이空海 대사가 사이지西寺(서사)의 슈빈守敏 대사와 도력을 겨뤄 이긴 일화도 유명하다. 아무리 왕궁의 금원이었다 해도 헤이안쿄 한복판에 이렇게 큰 연못이 있었다는 것은 굉장히 흥미롭다. 주나라 문왕의 정원을 본떠서 만들었다고 전해진다. 헤이안 중기의 한시집 『본조문수本朝文粹』에는 '단풍나무 숲에 둘러싸여 초 회왕의 꿈을 떠올리고 드넓은 연못을 바라보며 오강吳江을 눈에 담는다'라는 미나모토노 시타고의 감개가 전해진다. 그 광대한 숲과 연못이 전부 인공적으로 만들어졌을 리는 없고, 아마도 천도 이전의 지세를 이용해 더욱 장엄하게 꾸몄을 것이다.

지질학자에게 들은 바로는 교토는 본래 단층에 의해 함몰된 호저湖底 분지로 한때는 오사카만을 잇는 강만江灣이었다고 한다. 물론 수만 년 전의 이야기이다. 하지만 지금도 교토에 사는 사람들은 그런 향토의 본모습을 절실히 느끼고 있다. 여름의 무더위와 겨울의 강추위를 겪으며 흡사 절구 바닥에 있는 듯한 극심한 기온차가 과연 어디에서

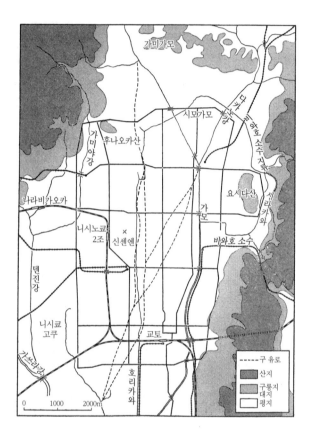

비롯된 것인지를 누가 가르쳐주지 않아도 이 수만 년 전 과거를 의식하면서 저절로 체득한 것이다. 이 태고의 호수는 북에서 동으로 이어지는 산에서 운반돼온 토사의 퇴적과 경미한 지반의 융기에 의해 비로소 교토의 분지를 형성했다. 분지 중앙을 흐르던 다카노강의 전신은 동북쪽부터 서남쪽에 걸쳐 몇 개의 줄기로 나뉘고, 가모강의 전신은 기타야마에서 정남쪽을 향해 호리카와까지 큰 줄기로 관통해 서남쪽 깃쇼인吉祥院(길상원) 부근에서 합류해 가쓰라강으로 흘러갔다고 한다. 지질학적으로도 사력층 지반이 그 수맥의 자취를 말해준다고 한다. 분지가 형성된 후에도 두 하천의 범람원이었던 만큼 매우 습한 상태였다고 한다. 그런 이유로 천도 이후에도 서남부 지역에는 작은 샘들이 다수 남아 있고, 지금도 도시에는 지하수가 풍부하다. 특히 신센엔의 물은 교토를 탄생시킨 호저에서 솟아난 용천으로 구 가모강이 고여 큰 웅덩이를 만들고 후에 정원 연못으로 조성되면서 오늘날까지 태고의 호수를 간직하고 있다.

산자수명처

여름과 겨울의 혹독한 한서寒暑가 호저의 풍토에서 비롯된 것이라면, 봄과 가을의 아름다움도 실은 호저의 풍토 덕분이라고 생각할 수 있다. 교토의 시민들은 봄과 가을을 향유하는 대신 여름과 겨울을 체념한다. 그렇다면 신센엔은 여름과 겨울의 한서의 근원인 동시에 봄과 가을의 온화함의 모태라고 바꿔 말할 수 있다. 이런 풍토의 중심으로서 신센엔은 교토가 품은 계절의 비밀을 풀어줄 것이다.

산자수명은 바라만 보아도 즐겁다. 산요의 머리맡에서는 가모강의 물새 울음소리도 들렸을 것이다.

헤이안쿄 조영造營 당시 대규모 치수공사가 있었다. 현재의 가미가모上賀茂와 시모가모下賀茂 사이에 새로운 가모賀茂강의 물길을 내고 구 가모강의 수량을 가모鴨강(가모강과 다카노강이 만나는 지점의 하류)으로 흐르게 했다. 수량이 줄어든 구 가모강은 지금의 호리카와堀川를 형성하고 신센엔도 연못으로 조성됐다고 생각한다. 엔랴쿠 19년(800) 간무 천황의 유람을 시작으로 궁정에서는 봄가을이면 이 연못에서 유연을 열었는데, 특히 중양절(음력 9월 9일)에는 국화를 감상하며 군신에게 주연을 베푸는 행사가 있었다. 헤이안 시대 초기의 『능운凌雲』, 『문화수려文華秀麗』, 『경국経国』의 세 한시집에는 이 정원 연못의 풍경과 함께 유연의 즐거움을 노래한 내용이 다수 등장한다. 그렇다고 신센엔이 민간과 동떨어진 금원으로서만 존재했던 것은 아니다. 조간 4년(862) 9월 교토의 우물물이 마르자 일반인들에게 신센엔의 물을 마음껏 퍼가도록 했다. 이듬해 5월 신센엔에서 역병을 쫓는 어령제를 올렸을 때에도 서문을 개방해 일반인들이 자유롭게 출입하도록 했다.

신센엔에서 비를 기원하거나 제액을 쫓는 기도를 올리기도 했다. 궁정의 금원에 머물지 않고 교토의 정원 연못이 된 것이다. 숲에는 사슴이 뛰어놀고 드넓은 연못에 가득한 연잎 사이로 아름다운 연꽃이 피어났다. 낚시터에는 종일 사람들이 낚싯줄을 드리우고 남쪽에 지어진 다키도 노滝殿(폭포 근처에 지은 누각-역주)에서는 천을 늘어뜨린 듯 떨어지는 폭포를 바라보며 운치를 즐겼다.

이런 정경은 신센엔을 원형으로 왕조 시대의 도시 곳곳에서 눈에 띈다. 그중에는 귀족의 저택이 되어 지정池亭이나 수각水閣으로 불리는 경우도 많았다. 신센엔 동쪽의 2조 미나미 니시노토인西洞院 서쪽에 있던 간인閑院(한원)은 후지와라노 후유쓰구가 살던 저택으로, 장대한 연못을 둘러싸고 버드나무와 소나무 숲이 우거져 있어 한여름에도 서늘한 냉기가 느껴질 정도였다고 한다. 왕조 시대의 저택에 이런 광대한 연못 정원이 있었던 것도 교토의 지리적 배경 때문이다.

교토는 연못 정원의 도시였다. 지금도 시내에는 용천을 의미하는 이즈미出水, 이마데가와今出川와 같은 지명이 남아 있고, 호리카와스지堀川筋에는 다실과 인연이 깊은 유명한 샘도 많다. 모두 호저의 풍토가 낳은 산물이다. 그리고 그 물이 모두 맑은 것도 고마운 일이다. 라이 산요頼山

陽가 그의 옛집에 붙인 산자수명처山紫水明処라는 이름은 그야말로 교토에 대한 찬사로 고대부터 막부 말기를 거쳐 현대에 이르기까지 일관되게 통용된다고 볼 수 있다. 그 소박한 옛집은 가모강 부근의 마루타마치 산본기아가루에 보존돼 있다. 밖을 내다보면 우뚝 솟은 히에이比叡(비예)산과 완만한 히가시야마東山의 36개 봉우리가 오묘한 대조를 이루고 있다. 산은 아름답고, 물은 맑고 청아하다.

자연 유산

신센엔은 중세로 접어들면서 점차 황폐해졌다. 금원禁苑은커녕 히닌고야非人小屋(빈민구호소-역주)마저 들어섰을 정도였다. 하지만 여전히 가뭄이 들면 이곳에서 기우제를 지냈다. 기우제를 지내기 전에는 연못을 청소했다. 왕조 시대에는 가뭄이 들면 21개 관폐사官幣社(조정에서 직접 관리하던 격이 높은 신사-역주)에 공물을 바치고 신센엔에는 청소 칙사라고 불리는 칙사를 파견하는 등 관인들이 직접 관리했지만, 무로마치 시대가 되면 가령 분안 4년(1447) 5월의 기우제는 5산(교토의 임제종 5대 사찰-역주)에 기도를 명하고 막

부의 치안을 담당하는 사무라이도코로侍所의 가이코開閤
라는 하급 관리가 마을 인부들을 데려와 연못을 청소하게
했다. 21개 신사와 5산, 청소 칙사와 사무라이도코로의 가
이코, 관리와 마을 인부라는 시대의 변천은 있었지만 신센
엔에 대한 신앙은 변함없었다. 오히려 연못 청소에 동원
된 마을 주민들의 유대는 더욱 깊어졌을 것이다. '오이케'
라는 일종의 애칭도 아마 이 무렵에 생겼을 것이다.

신센엔이 파괴된 결정적인 원인은 게이초 7년(1602) 도

신센엔 복원도. 이 광대한 정원 연못도 지금은 불과 사방 반정의 대지만 남
았다. 끝내 사라지는 날이 올까 걱정이다. 니시다 나오지로西田直二郎 박사
『교토 사적 연구』수록 지도

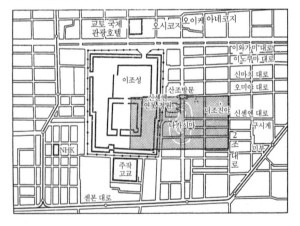

쿠가와 씨의 니조조二条城(이조성) 축조였다. 도쿠가와 씨는 낡은 신앙에 도전하듯 신센엔 북쪽 대부분을 허물었다. 태고의 용천은 그대로 니조조의 연못 정원으로 활용되었다. 새로운 봉건 군주도 신센엔의 연못 정원을 눈여겨보았던 것이다. 그것은 이 일대가 교토의 중심으로서 무시할 수 없는 위치에 있었다는 의미이지만, 훼손된 신센엔은 그 후 서서히 민가에 잠식돼 결국 지금의 사방 반정半町의 대지만 남게 되었다. 겐나 연간(1615~1624) 쓰쿠시의 승

교토 조정을 억압한 도쿠가와 씨의 니조조二条城도 연못물은 과거 금원의 물이었다.

려 가쿠가覚雅의 청원으로 사지寺地가 되면서 도지東寺(동사)의 호보다이인宝菩提院(보보제원) 소속으로 오늘에 이르렀다. 그렇지만 신센엔은 분명 교토 최고最古의 자연 유산이며, 왕조 이래의 풍토적 중심이다. 교토 시민들은 이 연못을 더 소중히 여겨도 좋을 것이다. 니조조二条城가 관광 명소로 인기를 누리는 한편 신센엔은 신앙적 의미마저 퇴색돼 경내에 있는 유치원생들의 놀이터로 전락해 방치되고 있다. 더 큰 걱정은 주위에 고층 건물이 들어서면서 한 번도 마른 적이 없던 연못물이 서서히 말라가고 있다는 사실이다. 자연과 문화의 유산이 혼연히 융합된 이 연못이 사라져서는 안 된다. 신센엔 보호를 위해서라면 '신앙이냐 관광이냐' 같은 논쟁도 일지 않을 것이다.

신화의 세계, 가미가모 신사

제1장
교토의 고대인
―가모―

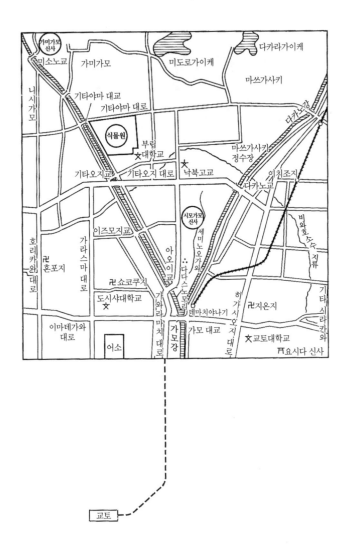

가미가모 신사
미소노교
가미가모
미도로가이케
다카라가이케
마쓰가사키
니시가모
기타야마 대교
기타야마 대로
다카노강
식물원
부립 대학교
마쓰가사키 정수장
기타오지교
기타오지 대로
낙북고교
이치조지
다카노교
시모가모 신사
이즈모지교
세미노오가와
비와호수로지류
호리카와 대로
가라스마 대로
쇼코쿠지
혼포지
아오이교
다다스노모리
기타시라카와
도시샤대학교
가모강마치대로
덴마치야나기
히가시오지 대로
지온지
기타시라카와
이마데가와 대로
가모 대교
교토대학교
어소
요시다 신사

교토

조몬 유적

쇼와 36년(1961) 8월 기타시라카와 북쪽의 이치조지一
乘寺(일승사) 무카이하타초町에서 구획정리공사 중 조몬 시
대의 유적이 발견되었다. 특히 제1 표층인 갈색 흙층에
서 조몬기에는 드문 주전자가 출토되면서 큰 화제를 모
았다. 교토대학과 리쓰메이칸대학 학생들이 시커멓게 그
을린 얼굴에 흐르는 땀을 닦으며 설명해준 바로는, 현장
은 표면에서부터 갈색 흙층, 황색 모래층, 검은 흙층, 백색

조몬 시대에 주전자가 있었다는 것도 놀랍지만 그 형태가 변함없다는 것에
한 번 더 놀랐다.

모래층의 순서를 나타내는데 주전자가 나온 갈색 흙층에서 약 3,000~4,000년 전 조몬 후기의 토기가 함께 나왔다고 한다. 그런데 그보다 더 중요한 사실은 검은 흙층에서 약 7,000년 전에 해당하는 조몬 초기의 새로운 토기가 발견된 것이라고 했다. 이 새로운 조몬 초기 토기의 발견은 5,000년 전이라는 기존의 추정을 깨고 이미 7,000~8,000년 전부터 이 지대에 최초의 취락이 형성되었다는 것을 말해준다. 교토의 역사가 최소 7,000년 이전으로 거슬러 올라가게 된 커다란 수확이자 그 역사가 조몬 시대 초기부터 후기까지 계속되었다는 점도 흥미로웠다.

교토 분지에 처음 사람이 살게 된 것은 다카노강과 시라카와白川의 토사가 퇴적하면서 생긴 기타시라카와처럼 가모강에 의해 생겨난 가미가모의 '다니구치谷口 선상지'라고 불리는 지역이었다고 전해진다. 하곡河谷 출구가 부채의 사북처럼 펼쳐진 토사의 퇴적지대이다. 사쿄左京구의 기타시라카와 일대에서는 일찍이 조몬 중기의 토기와 석기가 출토된 유적이 있는데 이번 이치조지 무카이하타초도 기타시라카와의 북쪽으로 뻗어 있는 지역이다. 또 가미가모의 가모와케이카즈치賀茂別雷 신사 뒷산에서도 같은 시대의 토기가 나왔다. 이처럼 북쪽 산지에서 분지로 들어가는 입구에 해당하는 구릉지대에서 문화의 여명이 있었던 것으로 보인다. 교토의 조몬인들은 수향水鄕의 정취가 있던 가미가모나 기타시라카와 부근에서 수렵과 어로 생활을 했을 것이다. 야마토국 요시노에 살았던 조몬인은 『고사기』나 『일본서기』에서 '구즈国栖' 혹은 '오나루인尾生る人' 등으로 불렸는데, 마찬가지로 이 시대에 교토 사람들도 구즈 혹은 쓰지구모土蜘蛛 등으로 불렸다.

그런가 하면 야요이彌生 시대의 유적은 얼마 전 도바鳥羽 부근에서 발견된 정도에 그칠 뿐 의외로 많지 않다. 이는 교토의 남부 전반에 해당하는데, 농경 사회가 되면서 야마토국의 세력이 미치기까지 얼마간 정체된 시기가 있었던 것으로 보인다. 이런 야요이 문화의 정체는 이 지역의 내륙적 위치에 기인했다고 볼 수 있다.

교토 분지에 등장한 새로운 문화는 물론 오사카만부터 요도淀강의 물줄기를 따라 유입된 것으로 보인다. 다만 교토의 호저, 강만의 지세로 이 방향으로의 유입이 어려웠던 시기에는 단바丹波를 거쳐 동해로부터의 문화 유입을 먼저 고려해야 한다. 단고국이 단바국에서 분립한 것은 와도 6년(713) 4월의 일이다. 그전까지 교토 분지의 배후지였던 단바국은 단고의 5군郡을 거느린 대국이었다. 그리고 단고 지방은 일찍부터 동해를 통해 대륙의 문화적 영향을 받았다. 하코이시하마函石浜를 비롯한 야요이식 문화 유적이 각지에 존재했다. 하코이시하마 유적에서 발견된 한나라 왕망 시대의 '화천貨泉' 등은 대륙과의 관계가 남달랐음을 말해준다. 동해를 통한 문화적 영향은 단바의 다카하라 지대에 가로막혀 직접적으로 전해지진 않았지만, 다카하라 남단 가메오카시 지토세초에 있는 이즈모出雲 신사 경내에서 간석기와 야요이식 토기가 발견된 것은 크게 주목해야 한다. 이는 이즈모 신앙을 믿는 사람들이 남하했다는 것을 말해주기 때문이다. 가메오카에서 오이노사카老の坂의 고개 하나만 넘으면 바로 교토 분지가 펼쳐진다.

그렇다면 교토 분지에 야요이식 농경문화를 가져온 것은 단바에서 남하한 이즈모계 씨족이었을 것이다. 그들은 시모가모 일대에 정착했다. 나라 시대 진키 3년(726)의 계장計帳에 기록된 이즈모고出雲郷는 이 땅에 거주한 이즈모노오미出雲臣의 대취락으로 오늘날 이즈모지교出雲路橋 서쪽 해안으로 추정된다. 이들이 야요이 시대부터 정착해

살았다는 근거는 없지만, 이즈모지를 통한 유입 경로의 역
사는 선사시대로까지 거슬러 올라간다.

야마시로

　야마토에 국가가 형성된 3세기 무렵부터 이 지방은 '야
마시로'라고 불리던 나라였다. 『고사기』 등에는 '山代야마
시로'라는 기록이 남아 있다. 그 후 '山背'라고 쓰다 헤이안
시대 이후부터는 '山城야마시로'라는 표기가 정착했다. 처
음 나타난 山代는 『일본서기』 스진 천황조에 야마토의 가
구야마香山 땅을 빼앗아 '왜국의 모노시로物実'라고 주술
을 거는 대목이 나온다. 왜국의 모노시로란 다름 아닌 왜
국 그 자체를 가리키기 때문에 그것을 다케하니 야스히코
武埴安彦가 나라를 빼앗는 주술을 거는 데 이용한 것이다.
모노시로는 사물의 '근원'을 뜻하며, 야마시로는 산山(야마)
의 근원 즉, 산 그 자체를 의미한다. 구체적으로는 산을 형
성하는 산림이다. 야마시로는 그런 수목이 우거진 산중의
국가를 나타낸다.

　교토 분지 주변에는 이미 수천 년 전부터 주민과 문화의

혼적이 있었지만 야마토에서 보기에는 산중의 산림국에 불과했다. 그런 야마시로에 야마토의 문화를 전파한 것은 다름 아닌 가모의 씨족이다. 여기서부터는 신화의 세계이다.

『야마시로국 풍토기』에 따르면 휴가국日向国 소노타케에 강림한 가모노다케 쓰누미노미코토賀茂建角身命가 진무천황을 선도해 야마토의 가쓰라기葛城 산봉우리에 머물다 점차 이동해 야마시로국 오카다의 가모에 이르렀다. 그대

중세에는 간진사루가쿠勧進猿楽 공연이 열리기도 했던 시모가모 신사 입구의 공원. 점점 더 황폐화되고 있다.

로 기즈강으로 내려가 가쓰라강과 가모강이 만나는 곳에 이르자 가모강을 바라보며 말했다. "좁기는 하지만 과연 이시카와石川의 스미카와清川로다." 그리고 이 강을 거슬 러 올라가 고가국久我国 북쪽 야마모토에 자리를 잡았다. 이 이시카와의 스미카와라는 말이 전해져 이시카와의 세 미노오카와瀬見の小川라고 불리게 되었다고 한다. 오늘날 시모가모 신사 경내에 있는 시내를 세미노오카와라고 부 르는데, 이는 나중에 끌어다 붙인 이름일 것이다. 고가국 북쪽 야마모토는 그 후 가모라고 불리게 되었는데, 이는 가모강의 상류, 니시가모 오미야의 숲으로 이곳이 시모가 모 신사의 옛터였다고 전해진다.

이 가모 전설의 앞부분에는 가모 씨족이 야마시로의 중 심인 분지에 야마토 문화를 가져오는 과정이 전해진다. 가모 씨가 삼족오三足烏의 후예로 까마귀를 숭배하는 토 템 씨족이었던 것도 진무 천황을 선도했다는 이 전승과 관 련이 깊다. 다다스노모리紀の森 남쪽에 자리한 가와이河合 신사(가모미오야 신사의 섭사摂社)는 이 땅의 수호신으로 회랑에 고가라스샤小鳥社를 모시고 있는 것도 재미있다. 그것이 가모 신사의 원형이었을 것이다. 여기에서 야마토계 씨족은 뜻밖에도 이즈모계 씨족과 접촉하게 된다. 북과 남에서 온 두 씨족과 문화는 이곳에서 서로 충돌하지 않고 멋지게 융합했다. 신화의 세계에서는 가모노타케 쓰누미노미고토가 단바국의 가미노이카코야히메神伊可古夜日女를 아내로 맞아 다마요리히코玉依日子와 다마요리히메玉依日売를 낳는다. 이 단바의 신은 이즈모 신앙의 매개자였을 것이다. 그렇게 가모의 씨족과 신은 야마토계와 이즈모계가 융합된 문화와 신앙을 이룩할 수 있었다. 그 문화와 신앙의 주체는 물론 농경이다.

 가모 전설의 뒷부분에서는 다마요리히메가 이시카와의 세미노오카와에서 물놀이를 하다 붉은 화살이 떠내려오는 것을 보고 이를 집어 바닥에 꽂자 잉태하여 남자 아이를 낳는다. 아이가 자라 성인이 되자 외조부인 쓰누미노미고토는 으리으리한 전각을 짓고 술을 빚어 7일 밤낮으로 연회를 베푼 후 손자에게 "네 아비라 여기는 이에게 이 술을 바쳐라"라고 말했다. 이내 술잔을 들고 하늘을 향해 예를 올리려는데 지붕의 기왓장이 열리며 승천했다는 이야기이다. 그의 이름은 외조부의 이름을 따 가모와케 이카즈치노미코토賀茂別雷命라고 불렸다. 한편 붉은 화살은 오토쿠니군 신사에 진좌한 호노이카즈치火雷 신이었다. 즉, 그의 아버지는 천상의 뇌신雷神이었던 것이다. 유명한 신혼 설화로, 그 기조에 농경 신앙이 있었다는 것은 반론의 여지가 없을 것이다. 고금을 막론하고 농민들이 가장 간절히 바라는 것은 물, 이른바 적시에 내리는 비였다. 마른하늘에 비를 뿌려주는 것은 다름 아닌 천둥이니 고대인이 거기에서 신을 느꼈다고 해도 무리는 아니다. 호노이카즈치 신에 대해서는 실제 기우제를 지낸 역사가 있다. 『속일본기續日本紀』(제2권)에 따르면 다이호 2년(702) 7월 '야마시로 오토쿠니군에 진좌한 호노이카즈치 신께 여러 번 기우제를 올렸다'는 기록이 남아 있다. 오늘날 무코마치에 있는 무코向 신사이다.

　가모 신사가 가모 씨족의 조상신인 동시에 농경 신앙의 성격을 갖게 된 것은 그 후 전해지는 제사를 통해서도 엿볼 수 있다. 이를테면 가모 경마가 있다. 긴메이 천황 시대 풍우로 백성들의 삶이 궁핍해지자 이를 가모 신의 재앙이라며 4월의 잿날緣日 중, 닭의 날酉日(현행 5월 15일-역주)을 골라 사자탈을 쓴 사람이 방울 달린 말을 타고 달리는 의식을 치르며 신을 치하하자 풍년이 들었다는 전설에서 시작되었다. 거기에는 천신에 대한 동물 공양과 풍흉을 점치는 관습을 확인할 수 있다. 다음은 까마귀 씨름烏相撲이다. 가미가모 신사에서는 지금도 중양절이면 까마귀 씨름이라고 불리는 의식이 행해진다. 까마귀는 앞서 말했듯이 가모 신과 관련이 있다. 까마귀 씨름도 경마와 같이 한 해의 길흉을 점치는 의미가 있다. 흔히 가모 신사라고 하면 매년 5월 15일에 열리는 아오이 마쓰리를 떠올리며 왕조 에마키繪卷라는 가장 행렬로 가모의 모든 것을 이해하기 쉽다. 이 왕조 에마키는 마쓰리라고 부르고 있지만, 특징적인 부분은 왕궁에서 가모 신사로 파견한 칙사의 행렬이다. 과거에는 마차를 줄지어 세워놓고 관람할 정도였는데, 의외로 교토 사람들은 큰 감흥이 없는 듯하다. 가모의 본질은 신화적인 동시에 훨씬 토속적이었다.

교토의 악센트

4세기가 되면서 야마토를 중심으로 한 국가 체제가 확립되고 일본 국내의 통일, 조선 출병이 진행되는 단계에서는 단순히 문화적 영향에 그치지 않고 권력의 침투가 나타난다. 야마토국이 도입한 지배 방식은 지방의 소국가를 왕실의 직할 영지로 편성하고 그 지방 공동체의 지배자가 영주가 되어 통치하는 식이었다. 야마토의 영주는 왕실과 혼인 관계를 맺었으며, 쓰쿠시筑紫 등의 지방 영주는 야마토국이 평정한 후 복속시켰다. 야마시로도 잇따라 왕실 영지로 재편성되었다. 이 분지도 가도노현縣과 우지의 구리쿠마현으로 나뉘고, 기타야마 너머는 단바의 구와타현 등이 되었으며, 가모 지역도 가모현이 생기고 후에 가도노현과

얼마 남지 않은 나카라기노모리半木の森에 호젓이 자리 잡은 이 작은 사당은 과거 하타우지 씨도 믿었다고 한다.

함께 가도노가모 영주가 지배하게 되었다. 훗날 가도노군과 오타기군 일대에 해당한다. 가모 영주의 가문은 『야마시로국 풍토기 일문』에 '다마요리히코는 현 가모 영주 등이 먼 조상이다'라는 기록이 있듯 전사前事는 신혼 설화 속에 감추어져 있지만, 이제 보면 가모 영주는 최초로 이 분지를 지배했던 자였다고 볼 수 있다. 그리고 그 계보는 가미·시모가모 신사의 신관가로서 오래도록 계승되었다.

가미가모 신사 주변은 이 영주의 후손과 농가를 중심으로 촌락이 형성되었던 곳이다. 중세에는 가미가모 6향鄉이라고 불린 촌락으로, 아담한 담장을 두른 세습 신관들의 소박한 옛집이 여전히 남아 있다. 지난해 그런 신관가의 한 곳인 M가에서 내가 근무하는 대학에 연구 사료로서 고문서를 제공한 일이 있다. 큼직한 궤짝 뚜껑을 열자 겐키, 덴쇼부터 막부 말기까지의 문서와 기록이 가득 들어 있었다. 그런 것이 아무렇지 않게 남아 있는 곳이다. 하지만 이 가미가모의 현대화도 머지않았다. 가모 강변을 따라 드라이브웨이가 생긴 데다 상류에는 골프장이 들어서는 등 이미 현실 문제가 되고 있다.

시모가모 신사 주변은 1934년 긴키 지방을 덮친 태풍이 다다스노모리를 휩쓸고 지나간 것을 계기로 점차 도시에 잠식되어 상점이나 주택가로 바뀌었다. 시내에서는 드물게 울창한 숲 사이로 가정재판소의 흰 건물이 들어서 있고, 그 북쪽에는 생활과학연구소 건물이 있다. 삼엄했던 신화의 세계가 더없이 현실적인 인간세계와 접촉하는 곳에서 오늘날 가모의 특색을 느낄 수 있다. 가모의 중심에 위치한 부립府立 식물원은 종전 후 얼마 지나지 않아 아메리카무라村로 탈바꿈했다. 그것은 천년의 역사에 일찍이

동양 최고를 자랑하는 열대식물 대온실 등 한 번쯤 볼 만한 가치가 충분하다. 1924년 개원.

없던 큰 변화였다. 하지만 1961년 5월 오랜 침묵을 깨고 새롭게 재단장해 문을 열었다. 맑은 햇볕 아래 일곱 색의 튤립이 가득 피어 있는 정원과 근대적 설비를 자랑하는 대온실을 갖춘 식물원은 가모뿐 아니라 교토에 새로운 매력을 더했다. 그 식물원 중앙에 있는 작은 연못가에 나카라기半木 신사라는 작은 사당이 있다. 나카라기는 유목을 뜻하는 나가레키流木가 변한 말로, 본래 가모강 상류에 있던 신사가 불어난 강물에 유실되면서 신사의 나무가 이곳까지 떠내려와 그 나무로 이곳에 신사를 창건했다는 유래가 있는 가미가모 신사의 섭사이다. 오래된 것이 새것을 막지 않고 새것 또한 오래된 것을 필요로 한다. 교토는 오래된 세계와 새로운 세계가 서로에게 악센트가 된다. 그것을 액세서리로만 여기면 안 된다. 가모는 헤이안쿄 천도 당시부터 이른바 교토의 악센트와 같은 위치에 있었던 것이다.

몽전夢殿을 떠올리게 하는 게이큐인桂宮院

제2장
고도 이전
—우즈마사—

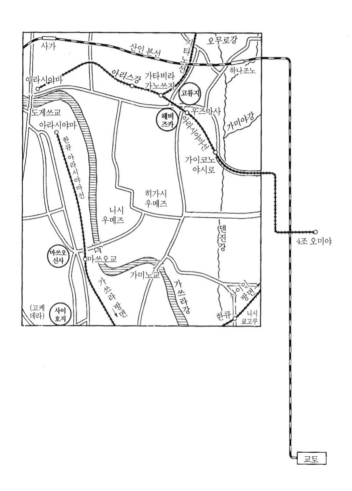

역사의 태동

교토 분지가 일본 역사의 무대에 크게 부상한 것은 5세기 이후 중국, 조선의 귀화인들이 분지의 낙서洛西 지역 우즈마사太秦라고 불리던 땅에 정착하면서부터이다. 최근에서야 유명한 국보를 소장한 고류지広降寺(광륭사)로 널리 알려졌지만, 옛 교토의 역사에서는 오랫동안 잊힌 곳이었다. 우즈마사의 우시牛(소) 마쓰리는 이색적인 행사로도 유명한데, 그만큼 도시와는 동떨어진 전원적 분위기가 느껴지는 곳이기도 하다. 헤이안쿄라는 도시가 생긴 후부터 사람들은 바둑판처럼 정리된 조방제条坊制의 기준에서 조금이라도 불거지면 전원적이라 느꼈던 데다 니시노쿄西の京가 금방 쇠퇴하면서 그런 느낌이 한층 강해졌다. 지금도 교토 사람들 사이에는 그때의 인상이 여전히 남아 있다. 현재는 매우 빠른 속도로 도시화가 진행되고 있지만, 시내에서 소비되는 채소 대부분이 이 부근에서 공급되는 만큼 근교 농촌적 감각도 부정하기 어렵다. 하지만 우리는 교토 이전을 대표하는 역사·문화적 지역으로서 우즈마사를 그냥 지나칠 수 없다.

야마토 국가와 대륙의 관계가 급속도로 깊어지면서 중

국, 조선의 귀화인들이 다수 도래하게 된 것은 흔히 오진 천황 때로 전해진다. 진나라 시황제의 자손이라는 유즈키 노키미弓月君가 백제에서 120현의 백성을 이끌고 일본으로 건너왔다는 것이 대표적인 예이다. 그리고 유즈키노키미가 데려온 씨족 대부분이 가도노 지방에 정착했다. 그들은 먼저 습지가 많은 이 지역의 토지 개조를 시작했다. 가쓰라강에 제방을 쌓아 수량을 조절하고 개척과 관개에 이용한 것이다. 현대 일본에서도 발전용 댐 건설이 붐을 일으켰다. 그 목적이나 규모에 큰 차이가 있지만 그야말로 댐 건설의 원조가 아니었을까. 제방을 쌓은 하타秦 씨 일족은 천하에 비견할 것이 없다는 칭송을 받았다고 한다. 과연 고대인으로서는 경이적인 기술이었다. 귀화인들은 수리공사에 특히 뛰어난 재능을 지녔던 것으로 보인다. 진도쿠 11년(383) 가와치 평야 개척에 획기적인 의미를 갖는 만다노 제방 축조에는 그 지방 호족이었던 만다노 무라지의 사민私民과 동국東国 직할지의 농민이 징발되었는데 그때 기술 지도를 맡은 것은 신라인이었을 것으로 여겨진다. 가쓰라강의 제방은 후에 강 이름을 대언천大堰川이라고 불렀듯이 오랫동안 가도노 지방의 번영을 약속하는 것이었다. 제방의 흔적은 거의 남아 있지 않지만 호즈강의 급류가 분지로 유출되는 길목을 막아 거의 지금의 아라시야마嵐山 지도리가후치 부근에 축조되었을 것이다. 제방 공사는 결코 쉽지 않았을 테지만, 그로 인한 하류의 개발 및 관개의 편의는 매우 컸을 것이다.

하타 씨는 이곳에 대규모 개간을 계획하고 그 활동 근거로 삼았다. 그들이 이런 농경 기술뿐 아니라 양잠과 견직 기술을 가지고 있었던 것은 우즈마사의 기원 전설에도 나

부근의 땅값이 급등하면서 뱀 무덤은 파괴될 위기를 맞고 있다.

타난다. 당시 하타 씨들은 귀화인들의 뛰어난 기술을 선망했던 오미, 무라지 등의 성을 가진 호족들에 의해 뿔뿔이 흩어져 그들에게 이용되곤 했다. 유랴쿠 천황 시대에 이렇게 흩어진 신민들을 모아 그들의 수장인 하타노 사카기미秦酒公에게 하사하자 조정에는 그들이 바친 비단이 가득 쌓였다고 한다. 이에 대해 천황은 하타노 사카기미에게 우즈마사太秦라는 성을 내렸다. 우즈마사의 지명도 거기에서 유래한 것이다. 우즈마사는 고대 일본에서 가장 생산력이 높은 지역으로, 그곳에 정주한 하타 씨는 가장 큰 생산력을 지닌 씨족이었다고 할 수 있다. 하타 씨의 도래가 이 분지를 일거에 역사의 무대로 끌어올린 것이다.

그 후 야마토국은 게이타이 천황조에 광범위한 규모의 내란기를 맞는데, 이를 극복한 긴메이 천황 때 하타 씨는 소가蘇我 씨와 함께 정치적으로 매우 중요한 지위를 얻게 된다. 예컨대 가도노에 인접한 후시미후카쿠사라는 마을의 하타노 오쓰치秦大津父는 긴메이 시대 대장성에 초빙되어 당시의 하타 씨 7,053가구를 통솔하는 하타노 도모노미야쓰코秦伴造가 되었다. 후시미후카쿠사의 하타 씨는 이 지역이 조정의 직할령인 미야케屯倉가 되면서 후카쿠사미야케로 불리며 특히 미야케 관리와 경영을 통해 조정과 긴밀한 관계를 맺고 마침내 야마토국의 재정을 담당하기에 이른다. 그리고 교토 분지의 서부부터 동남부에 걸친 현저한 발전이 시작된다.

　　지바千葉의 가도노를 보면
　　수많은 인가도 보이고
　　나라의 번영도 보인다.

　오진 천황이 지었다고 전해지는 이 유명한 노래는 6세기 무렵 이 지역의 번영을 노래한 민요라고 볼 수 있다. 고도古都 이전 교토 분지의 모습이 생생하게 그려진다.

　우즈마사 중간에 있는 '가타비라노쓰지帷の辻역' 남쪽, 영화 촬영소 마을 뒤편에 헤비즈카蛇塚라고 불리는 거석 고분이 있다. 교토 분지에 남아 있는 가장 오래된 후기 횡혈식 고분이지만 봉토가 유실되어 현재는 노출된 석실만 남아 있다. 소가 오미大臣의 무덤으로 알려진 야마토의 석무대石舞台 고분과 어깨를 나란히 하는 웅대한 크기이다. 6세기 말로 추정되는 시기, 이 지역에서 이런 고분을 만들

수 있었던 것은 하타 씨 외에는 생각할 수 없다. 하타 씨족의 위세를 과시하기 위한 것이었다고 볼 수 있다. 그 밖에도 근처에는 천총天塚 고분 등의 고분군이 많은데, 이것들도 하타 씨와 관련지어 생각해야 할 것이다. 우즈마사의 뱀 무덤 위에 선 나는 교토 탄생 이전의 모습을 떠올리며 역사의 태동을 뼛속까지 느꼈다.

다이시상

스이코 천황조 11년(603) 당시 수장이었던 하타노 가와카쓰가 쇼토쿠 태자의 발원으로 건립한 고류지広隆寺(광륭사)는 그 후로도 계속된 하타 씨의 번영과 재력을 유감없이 보여주는 것이었다. 창건 당시에는 가도노의 9조 가와라에 있었지만, 헤이안 천도 때 우즈마사로 옮겨왔다. 사찰에 소장된 국보 목조미륵보살반가상으로 더욱 유명해졌다. 고류지는 쇼토쿠 태자의 발원으로 창건했지만, 하타기미데라秦公寺라는 다른 이름도 있듯 실은 하타 씨가 세운 씨사氏寺(우지데라)로 씨족 간의 결합을 강화하기 위한 중핵과 같은 존재였다.

하타노 가와카쓰에 대한 흥미로운 전설이 있다. 『일본서기』에 따르면 다이카 개신改新 직전인 고교쿠 천황조 3년(644) 가을 동국東国 후지강 부근에 사는 오후베노 오시라는 사람이 누에처럼 생긴 벌레를 도코요노가미常世神라 칭하고, 이 벌레를 신으로 모시면 가난한 사람은 부자가 되고 노인은 회춘한다고 사람들을 회유했다. 이 속신은 빠르게 퍼져 너 나 할 것 없이 재물을 버리고 이 벌레를 섬겼다고 한다. 이 이야기는 벌레를 신으로 섬겼다는 점에

영화 촬영소와도 가까운 아카도는 종종 촬영 장소로 쓰이기도 한다. 영화 '산쇼다유山椒太夫'에서는 고쿠분지로 등장했다.

서 정령 신앙적 요소가 강하다. 또 어느 씨족이 모신 조상의 혼령이 아니라 모든 사람에게 장수와 복을 내려주는 것으로 표현되었다. 거기에는 조령 신앙으로는 담을 수 없는 보편적 신앙이 내포되어 있다고 할 수 있는데, 이 속신이 서쪽까지 퍼지자 가도노의 하타노 가와카쓰는 민중들이 현혹될 것을 우려해 오후베노 오시를 벌했다고 한다. 미신을 타파하는 동시에 불교를 믿었던 가와카쓰로서는 불교 보급에 방해가 된다고 여겼는지 모른다. 그리하여 미신에서 깨어난 민중들은 가와카쓰를 칭송하며 "신 중의 신 우즈마사가 도코요노가미를 벌했다"고 노래했다고 한다. 이런 전설이 모두 신빙성이 있다고는 할 수 없지만, 가와카쓰는 시대의 첨단을 걷는 개화가였으며, 독실한 불교 신자로서 사회의 향로를 꿰뚫고 있었던 것으로 보인다. 고류지에는 후지와라 시대에 제작된 그의 조각상이 안치되어 있다. 이는 최초의 교토 문화의 선구자의 조각상으로서 기억해야 마땅하다.

지금의 고류지는 천도 후 두 번이나 전소되었기 때문에 에이만 원년(1165)에 복구된 강당이 남아 있는 것 외에는 당탑堂塔이 있던 자리도 분명치 않은 등 고대 하타기미데라의 장관은 찾아볼 수 없다. 다만 아카도赤堂라는 속칭으로 친숙한 강당이 남아 있다. 그 안에는 조와承和 제1차 재흥 당시의 당당한 고불이 안치되어 있다. 하지만 고류지가 중·근세를 거쳐 지금까지 남아 있는 것은 하타노키미데라에 대한 신앙이 아니라 발원자인 쇼토쿠 태자에 대한 신앙 덕분이었다.

지금도 교토 사람들에게는 고류지라는 이름보다 '우즈마사의 다이시 상太子さん'으로 친숙하다. 이런 경향은 헤이안쿄 조영에 큰 힘을 쏟은 하타 씨가 쇠퇴한 후의 사원을 되살리기 위한 정책과 관계있다고 생각한다. 하타 씨가 쇠퇴한 것도 수도 조영에 전력을 다한 탓이었다고 본다. 물론 하타 씨 측에서도 신흥 귀족이었던 후지와라 씨와 결탁해 실질적인 황성 경영을 맡음으로써 정치 무대로의 진출을 꾀했을 수도 있다. 실제 헤이안쿄 초기에는 정계의 실무 담당자로서 하타 씨의 진출이 두드러졌지만, 결국에는 후지와라 씨가 번영의 길로 나아가는 발판이 되고 말았다. 하타노기미데라는 새로운 길을 모색할 수밖에 없었다. 여기서 가마쿠라 시대에 성행했던 태자 신앙이 교묘히 이용되었다. 겐초 3년(1251) 사이다이지西大寺(서대사)

에이손의 제자 초젠澄禪이 고류지 경내에 게이큐인桂宮院(계궁원)이라는 팔각원당을 세웠다. 게이큐인에는 쇼토쿠 태자 효양상(16세 때의 목조상-역주)이 안치되어 있다. 노송나무 껍질을 이어 만든 완만한 지붕 아래 대나무 숲으로 둘러싸인 평온한 모습으로 내부는 8면의 널 천장에 널마루를 깔고 기둥을 세우지 않은 것도 무척 멋지다. 호류지法隆寺(법륭사) 몽전夢殿과 같은 팔각원당 설계이지만, 몽전과 같이 준엄한 석단이 아닌 평면 위에 세워져 훨씬 친근감이 느껴진다. 즉, 게이큐인은 서민들이 품었던 태자 신앙의 산물이었다. 오늘날 고류지의 사지寺地는 절의 문 앞을 지나는 아라시야마 철도와 우쿄구의 중심지로 경찰서, 소방서 등이 좌우로 포진한 그야말로 세속에 물든 모습이다. 하지만 다이시 상의 친숙함은 예컨대 오사카 시텐노지四天王寺(사천왕사)와 같이 여전히 살아 있다. 물론 친근감만으로는 사세寺勢를 유지하기 힘들었지만, 전후 '국보 제1호'로 지정된 미륵보살반가상이 현재까지도 사찰의 재정을 떠받치는 주역이 되었다.

고류지와 함께 낙서 지역을 대표하는 사찰로 히가시야마의 호칸지法観寺(법관사)가 있다. 지역과 함께 살아간다고 해도 좋을 만큼 오늘날 두 절의 모습은 매우 닮아 있다. 호칸지 역시 스슌 천황조 2년(589) 쇼토쿠 태자의 발원으로 사찰 부지가 있었던 야사카고八坂鄕를 지배했던 고구려 사신 이리사意利佐의 후손이 세운 절이다. 고구려에서 도래한 씨족은 소라쿠군 가미고마, 시모고마를 근거로 고마데라高麗寺(고려사)를 창건하고 씨족의 터전으로 삼았다. 야사카노 미야스코八坂造라 불리던 이 땅의 씨족들은 기온 신사의 전신이라고 할 수 있는 고려사를 세우고, 야사카지八

히가시야마 대로의 골목 안쪽에 5중탑만 남은 호칸지法観寺. 호칸지의 이름을 모르는 사람이 대부분이다.

坂寺라는 이름으로도 불린 호칸지를 창건했다. 안타깝게도 사찰 건물은 일찍이 재해로 사라졌지만, 무로마치 시대 에이쿄 12년(1440)에 재건된 5중탑이 홀로 남아 히가시야마 경치에 운치를 더하고 있다. 호칸지 5중탑은 고류지와 마찬가지로 고도 이전의 소중한 기념물이다. 오닌·분메이의 난으로 교토가 초토화되고 모든 문물이 불탄 전화의 한복판에서 용케 살아남았기에 더욱 감개가 깊다. 당시의 나지막한 주택들 사이로 우뚝 솟은 5중탑은 매일 아침 올려다보는 것만으로도 시민들에게 큰 힘을 주었을 것이다. 메이지 시대 무렵까지 탑 꼭대기 층에 전망대가 만들어져 교토 시내를 한눈에 내려다볼 수 있었다. 세간의 설이라 어디까지 믿어야 할진 모르겠지만, 중세에 교토를 두고 싸우던 군병들은 이 5중탑에 먼저 자신들의 문장이 그려진 깃발을 꽂는 쪽이 교토를 지배했다고 한다. 중세판 애드벌룬으로, 민심을 장악하려는 전술이었다. 호칸지 5중탑이 고류지의 미륵보살반가상과 함께 '교토 관광'의 상징이 된 것도 당연한 일이다.

마쓰오 · 이나리 신사

고도 이전의 대표적인 교토인이었던 하타 씨는 우즈마사를 중심으로 동서로 퍼져나갔다. 우즈마사 고류지의 동쪽 약 500m 거리에 가이코노야시로蚕の社라는 숲이 있다. 직조의 조신祖神이라 불린 하타 씨의 발자취를 보여주는 것이라고 생각한다. 서쪽으로 뻗어나간 가도노의 하타 씨는 다이호 원년(701)에 이르러 하타노 도리의 권청으로 마쓰오松尾 신사를 세웠다고 한다. 마쓰오 신사도 역사의 흐름에 따라 신앙의 변천을 보여주었다. 신전 뒤편 마쓰오 산에서 떨어지는 장엄한 폭포는 고대인들에게 성스러운 신의 강림처럼 느껴졌을 것이다. 헤이안 시대에는 제신 오야마쿠이노미코토大山咋命가 가모와케이카즈치賀茂別雷의 부신父神이라고 하여 가모 신사와도 관계를 맺었다. 가모 전설에 의하면, 부신은 오토쿠니군에 진좌한 호노이카즈치火雷였지만, 같은 농경의 신이라고 하면 전국의 어느 신들과도 연결되는 것이 단순한 씨족 신으로 설명할 수 없는 일본 신들의 특징이다. 그리고 에도 시대 무렵부터는 양조의 신으로 모셔지게 되었다. 풍작을 기원하던 신에서 양조의 신이 된 것은 대상제大嘗祭(천황이 즉위 후 처음으로 거행하는 제사-역주)를 보면 자연스러운 흐름이라 생각되지만, 어쨌든 신격神格을 농경에서 양조라는 근세 산업으로 능숙히 바꿨다는 점에서 신사 경영의 수완이 엿보인다.

후카쿠사에는 와도 4년(711)에 하타노 이로구라는 사람에 의해 이나리稲荷 신사가 건립되었다고 전해진다. 이미 하타노 오쓰치 이래 하타 씨의 근거지 중 하나로 농경 신을 모셨던 것으로 보인다. 본래 이나리산의 3개 봉 정상에 진좌한 신을 지금의 자리로 옮긴 것으로, 영산靈山 순례의

아라시야마에서 사이호지西芳寺(서방사)로 가는 길에 있는 마쓰오 신사. 이제는 관광버스도 서지 않는다.

기원은 당시의 신사 경내를 참배하는 것이었다고 한다. 본래 우즈마사의 하타 씨족이 특히 직조 등을 중심으로 한 생산적 경향이 강했던 것에 비해 후카쿠사의 하타 씨족은 교역 능력이 뛰어났던 것이 아닐까. 일찍이 하타노 오쓰치가 이세伊勢 지방을 왕래하며 장사를 했다는 이야기는 『일본서기』 긴메이기에도 등장하는데 그런 상황을 반영한 듯하다. 교토 분지가 충분한 생산력을 갖추게 되면서 교통에도 유리한 요충지를 점하게 된 이 지방 사람들이 다른 지방과의 무역을 하게 된 것은 주목해야 할 발전일 것이다. 오늘날 이나리 신사를 상업 번창을 기원하는 신사로 섬기는 것은 물론 그런 이유 때문이 아니다. 이나리 신사도 과거 그대로 하타 씨의 씨사氏寺로서는 역사를 버텨낼 수 없었다. 헤이안쿄 천도 이후 도지東寺와 함께 이나리 마쓰리를 개최하며 시모교下京 마쓰하라 이남의 상업지역을 우지코氏子 구역으로 편성한 것이 하타 씨가 번영하게 된 진짜 열쇠였다.

귀신이 출몰하기도 했다는 라조몬 터

제3장
헤이안쿄의 표정
— 도지 —

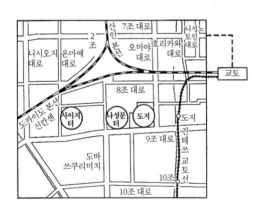

바둑판의 눈

　최근 관광도시 교토에서 새롭게 주목받고 있는 히가시야마東山 드라이브웨이는 당초 얼마 남지 않은 자연림을 완전히 파괴했다는 비난을 받았다. 하지만 산 위에서 바라보는 야경은 지금껏 거의 알려지지 않았던 새로운 시각을 사람들에게 제공했다. 그것은 익히 알고 있던 교토의 바둑판 모양의 구획을 네온사인의 아름다운 색채로 드러낸 것이다. 다른 지역 사람들은 잘 모르는 아가루上ル, 사

헤이안 신궁은 원래의 왕궁을 8분의 5 크기로 줄여 복원했다. 신센엔은 다이쇼 시대의 대표적 정원이다.

가루下ル, 히가시이루東入る, 니시이루西入る와 같은 지점 표시가 얼마나 적절한 것인지도 이 산 정상에서 바라보는 전망을 통해 알게 될지 모른다. 교토의 '고도'라는 인상은 거리 구획으로 상징된다. 이 장대한 구획을 설계하고 이를 바탕으로 도성을 건설한 정치력과 경제력은 과연 어디에서 탄생한 것일까.

헤이조쿄의 사회가 화려한 덴표天平 문화의 이면에 많은 정치적 모순을 내포한 정쟁과 내란의 무대였다는 것은 부정할 수 없는 역사적 사실이다. 특히 덴표 12년(740) 9월 멀리 서국西国에서는 후지와라노 히로쓰구의 난 이후 구니쿄恭仁京 건설, 고가노미야甲賀宮의 조영, 나니와노미야難波宮 천도 등 도성의 혼란도 함께 나타났다. 이 정치적 혼란을 타개하기 위해 도다이지東大寺(동대사)의 대불개안大仏開眼 법회도 열렸다. 하지만 이런 불교 신앙에 기댈 수밖에 없었던 정계의 상황은 결국 겐보玄昉, 도쿄道鏡와 같은 승려들의 정치 진출을 용납하게 되면서 더욱 악화되었다. 이윽고 고닌 천황 대에는 후지와라노 모모카와를 필두로 위기 타개의 움직임이 일었다. 이어지는 간무 천황 시대에는 더욱 적극적인 방책으로서 야마시로 천도 문제가 떠올랐다.

당시 야마시로국은 일찍이 가도노, 기이군까지 세력을 넓힌 하타 씨족에 의한 생산력 향상과 교역권 확대로 야마토국의 배후지로서 무시할 수 없는 수준의 발전을 이루었을 것으로 보인다. 또 오타기군 이즈모고의 사민들은 진기 3년(726)의 〈야마시로국 오타기군 이즈모고 계장〉에 따르면 종 8위, 훈 12등 이즈모노오미 마타리出雲臣眞足 이하 17가구戶 중 16가구가 이즈모노오미 씨이고, 마타리처럼 율령 정부의 관인으로 근무하는 동시에 5정 9반가량의 반전班田을 받으며 살고 있었다. 그의 가족은 총 41명(남자 19명, 여자 13명, 남종 6명, 여종 3명)으로 구성됐는데 그중 이미 11명은 도망가고 9명은 쓰쿠시에 있었기 때문에 20명은 부재한 상태였다. 도망친 이들 중 7명은 21세부터 52세까지 한창 일할 나이의 하인이었다. 이처럼 이 지방은 율령제의 직접적인 영향하에서 그 모순을 가장 강하게 느끼는 곳이었다.

따라서 야마시로국을 율령제 재건을 위한 천도지로 꼽은 것도 그리 뜻밖의 일은 아니었다. 하타 씨 등은 요즘으로 치면 도성 유치운동에 적극적으로 뛰어들었을 것이다.

야마시로국의 군사郡司(군의 정무를 담당하는 지방관-역주)층을 보면 기이, 가도노군 등은 대부분 하타 씨가 차지하고 있었던 만큼 이 나라 호족의 성격이 여실히 드러난다. 그들은 자신들의 고장이 도성이 되기를 기대했다. 하타노 아사모토나 하타노 시마마로는 그런 씨족의 바람을 등에 업고 역사에 등장했던 것이다.

엔랴쿠 3년(784) 11월 지금의 오토쿠니군 무코초 가이데 부근에 이른바 나가오카쿄長岡京의 건설을 계획했다. 후지와라노 모모카와의 조카, 후지와라노 다네쓰구藤原種継가 조궁 대부를 맡고, 외조부인 하타노 아사모토가 이를 후원했다. 하지만 이듬해 나가오카쿄 천도의 중심인물이었던 다네쓰구가 정쟁에 휘말려 암살되면서 엔랴쿠 12년(793) 정월 결국 중지할 수밖에 없었다. 그 후 새롭게 논의된 지역이 가도노군 우타노宇太野였다. 중궁 대부 와케노 기요마로의 발의로 후지와라노 오구로마로藤原小黒麻呂가 조궁 대부를 맡고, 그의 장인 하타노 시마마로가 후원해 조궁을 시작했다. 도성 건설에 앞서 대규모 치수공사가 이루어진 것은 앞서 이야기한 바 있다. 이번 조궁은 순조롭게 진행되었다. 엔랴쿠 13년(794) 10월 간무 천황은 새로운 수도로 입성해 천도를 선언했다.

"산천에 둘러싸여 자연의 성채를 이룬 이 땅의 형세에 걸맞은 새 이름이 필요하다"며 나라의 이름도 야마시로山背에서 야마시로山城로 바꾸었다. 백성들은 입을 모아 새로운 수도를 칭송하고 평안을 기원하는 마음으로 '헤이안쿄平安京'라고 불렀다고 한다.

새 수도는 헤이조쿄보다 다소 넓은 동서 1,508장丈(약 4,570m), 남북 1,753장(약 5,312m)에 이르며 북쪽에 궁성이 있다. 궁성 정면의 주작문을 지나면 정무 공간인 조당원朝堂院 구역이 있고, 그 중심에 정전인 대극전大極殿이 있었다. 천황이 정무를 보고 중요한 의식을 거행하던 곳으로, 그 밖의 궁궐과 관청들이 늘어서 있었다. 주작문 앞부터 남쪽으로 내려가는 큰길이 슈자쿠 대로朱雀大路(주작대로)이다. 너비 28장(약 85m)의 이 길을 중심으로 사쿄左京(좌경), 우쿄右京(우경)로 나뉘고 조방条坊이 전개되었다. 슈자쿠 대로와 교차하며 동서로 뻗은 길을 조条라고 하고, 슈자쿠 대로와 나란히 남북으로 뻗은 길을 방坊이라고 불렀다. 또한 동서남북으로 뻗은 도로가 교차하면서 사방 약 500m의 정사각형 블록을 형성하는데 이 구획도 방坊이라 불렀다. 각 방에는 가로세로 3개의 소로가 있어 16개 구획으로 나뉘고, 그 한 구획을 정町이라고 했다. 4정은 1보保, 4보는 1방坊이 된다. 헤이안쿄 주위는 높이 1장(약 3m), 너비 6척(약 1.8m)의 나성羅城을 두를 예정이었지만 끝내 실현되지 못했다. 하지만 슈자쿠 대로 남쪽 끝에 라조몬을 세우고 남면한 도성의 정문으로 삼았다. 그리고 그 라조몬 좌우 양쪽에 도지東寺(동사), 사이지西寺(서사)가 세워졌다.

호국 사찰

헤이안쿄는 완벽한 계획도시로 국가 권력의 중추로서 매우 정치적인 의미를 지닌 도시였다. 그런 도시에 세워진 도지와 사이지는 헤이조쿄의 도다이지東大寺(동대사), 사이다이지西大寺(서대사)와 같이 국가 수호의 의미뿐 아니라 한 걸음 더 나아가 민간에 의한 사찰 건립을 금하고 사원을 통제하는 의미가 있었다.

왕성의 수호라는 의미에서 늘 도지와 함께 거론되는 히에이산 엔랴쿠지延曆寺(연력사)도 그 기원은 엔랴쿠 7년(788) 사이초最澄가 곤본추도根本中堂(근본중당) 즉, 일승지관원一

乗止観院을 세운 것이었지만, 오랫동안 황실의 공인을 받지 못하고 히에이 산사라는 수행 도량에 불과했다. 간무 천황의 무병장수를 기원한 인연으로 천태종을 개종하고 엔랴쿠지의 사호寺号를 받은 것은 고닌 13년(822) 사이초가 세상을 떠난 이듬해였다. 낙북洛北의 구라마데라鞍馬寺(안마사)도 엔랴쿠 15년(796)에 창건됐다. 본래 도지의 조사造寺 장관 후지와라노 이센도가 세운 사사私寺로 왕성의 북방 수호를 자처했다. 우다 천황 시대에는 공인받지 못하고 호엔峯延 벳도別当(사찰의 사무를 총괄하는 승관-역주) 때에 비로소 사찰의 토대를 갖추었다. 천도 당시에 창건된 사찰은 엔랴쿠 17년(798) 7월 사카노우에노 타무라마로가 세운 기요미즈데라清水寺(청수사) 한 곳만이 엔랴쿠 24년(805) 10월에 태정관부太政官符를 통해 사지寺址를 하사받고 사찰로 인정되었다. 이것은 특별한 경우로, 간무 천황 시대의 헤이안 천도와 비견될 2대 공적으로 에조蝦夷 평정의 공을 치하하는 것이었다고 한다. 이쯤 되면 오늘날 창건 당시의 가람 배치 그대로 장대한 당탑을 간직한 채 고도의 표정을 풍부하게 보여주는 도지의 위상을 저절로 이해할 수 있다. 정확히는 교오고코쿠지敎王護國寺(교왕호국사)라고 불

렸듯 지극히 정치색이 짙은 관대사官大寺로서 궁정의 법회
는 열어도 민중의 기원은 하지 않았다.

　새 수도는 정치도시로서의 이상을 추구하면서도 시민
교역의 장으로 부설된 동시東市와 서시西市에 대해서는 단
순히 도시의 균형미만을 의식하고 시민 생활에 대한 배려
가 없었듯 도지와 사이지도 마찬가지로 정치적 의도만 강
하게 드러났다. 도지와 사이지야말로 헤이안쿄라는 도시
의 성격을 대표하는 것이었다. 우리는 지금도 헤이안쿄의

도지는 중세의 전란 속에서 상당한 피해를 보았지만 다행히 부흥했다. 다수
의 문화재를 소장하고 있다.

모습을 정확히 설계된 조방과 그 한 구획을 차지하는 도지에서 발견할 수 있다.

우리는 도지의 금당金堂 앞에 서서, 우뚝 솟은 5중탑을 올려다보거나 남대문을 바라보거나 혹은 강당을 돌아보며 그것들이 창건 당시의 모습이 아님에도 불구하고 천년의 풍상을 버텨온 모습을 보고 있는 듯한 감정에 사로잡힌다. 당탑堂塔(전당과 탑)들은 모두 모모야마 시대와 그와 가까운 시기의 축조된 것으로(5중탑은 간에이 18년 즉 1641년에 재건), 이 모모야마의 기풍은 헤이안쿄 조영 당시의 웅대한 기상과 어딘지 모르게 통하는 느낌이 있다. 예컨대 붉게 칠한 금당은 게이초 11년(1606) 도요토미 히데요리가 재건했는데, 이때 두공枓栱에는 일본, 당, 천축 양식의 기법이 절묘하게 어우러져 있다. 남도南都 도다이지의 대불전을 지을 때 사용된 기법이 도요토미 히데요시가 창건한 교토 호코지方広寺(방광사) 대불전 조영 때 전해져 도지의 금당에도 영향을 주었다고 한다. 도지는 이런 기술의 전승에 있어서도 헤이안쿄의 옛 모습을 짐작케 하는 요소를 가지고 있다. 강당의 제존諸尊으로 말할 것 같으면 밀교 예술의 대표작이라고 할 수 있다. 당내에는 삼엄한 분위기가 가득 넘치며 우리를 만다라의 세계로 인도한다.

나는 이 도지를 중심으로 한 일대에서 헤이안쿄의 재현을 꿈꾼다. 슈자쿠 대로를 사이에 두고 도지와 대칭점에 있었던 사이지는 일찌감치 쇠망해 빈터만 남아 있으며, 사이지 터에 조성된 가라하시 서사공원 근처 사호寺号를 계승한 사찰에 옛 기와가 보존되어 있을 뿐이다. 슈자쿠 대로 남단에 있었던 라조몬도 돌기둥만 덩그러니 남아 그곳이 옛 성문 터였음을 보여줄 뿐이다. 하지만 이 일대는 헤이안쿄의 중앙 정면에 해당한다. 슈자쿠 대로는 라조몬을 지나 남쪽으로 뻗어나가며 도바를 경유해 구사쓰草津라고 불리던 도바의 하항河港으로 이어졌다. 헤이안쿄에서 서국의 역당이나 해적 정벌에 나서는 병사들은 모두 이 문을 지나 장도에 오르고 이 대로로 개선했다. 가쇼 3년(1108) 정월 산인도에서 반란을 일으킨 미나모토노 요시지카를 토벌하고 그 수급首級(전쟁에서 베어 얻은 적군의 머리-역주)을 들고 돌아온 다이라노 마사모리는 길을 가득 메운 교토 백성들의 열렬한 환영 속에 입경했다. 마사모리의 개선 행렬은 라조몬 너머의 도바 조도造道에서부터 요시지카와 그 수하들의 수급을 꽂은 창을 든 다섯 명의 하인을 활을 차고 갑주로 무장한 보병 40~50명이 뒤따르고 이어서 마사모리가 가신 100여 명을 거느리고 들어오는데, 양날의 검이 햇빛을 받아 빛나고 무사들이 줄지어 행진하는 장관을 연출했다고 한다. 말하자면 라조몬은 왕조의 개선문이었던 것이다. 그들은 이 개선 의식을 마친 후 도지의 5중탑을 바라보며 마음 깊이 귀환의 기쁨을 맛보았을 것이다.

얼마 전 A신문사가 기획한 토론회에서 우메사오 타다오梅棹忠夫, 다다 미치타로多田道太郎, 가토 히데토시加藤秀俊 세 분과 라조몬 재건에 관해 이야기를 나눈 일이 있다. 때마침 재건 붐이 일었던 '성城'이 토론의 주제였다. 당대 축성술의 정수가 녹아 있는 각지의 성들은 풍토와 조화를 이룬 조형미를 보여주며 저마다 뚜렷한 개성을 지녔다. 정치, 사회, 문화의 모든 면에서 중앙의 획일주의로 칠해지고 있는 지금, 성이야말로 거기에 대항하는 지역주의의 위대한 상징이 아닐까. 새롭게 재건되는 성은 오사카성, 와카야마성, 구마모토성 등의 몇몇 성처럼 각 도시의 역사를 이해하고 알리는 역사박물관으로 만들자는 제안이었다. 그런 토론 끝에 교토 도성의 재현을 위해 반드시 라조몬을 재건해야 한다는 깜짝 놀랄 만한 제안이 나왔다. 라조몬만큼 세계적으로 알려진 일본의 건축물도 없을 것이다. 물론 영화의 성공 때문이기는 하지만 라조몬을 재건해 게이한京阪 국도나 메이신名神 고속도로에서 교토로 들어오는 입구로 삼고, 내부는 왕조의 생활과 풍속을 재현한 박물관으로 만들자는 내용이었다. 라조몬이 재건된다면 이 땅에 되살아난 헤이안쿄가 다시 한 번 교토에 새 천년의 번영을 가져오지 않을까. 이미 메이지 시대에 헤이안 신궁 경내에 헤이안쿄 당시의 대극전과 응천문의 축소판을 지어 관광 자원으로 이용하는 지혜를 발휘한 바 있다. 라조몬을 재현한다면 아마도 그에 버금가는 명소가 될 것이다.

고보상

헤이안쿄의 상징이었지만 전혀 서민적이지 않았던 도지가 어떻게 오늘날과 같이 친근한 사찰이 되었을까. 여기에도 '다이시상'과 같은 비밀이 있다. 바로 '고보상'이다. 매월 21일 엔니치縁日(잿날)에 도지 경내에서 열리는 노점 시장을 보면 금방 알게 된다. 매년 1월에 처음 장이 서

는 '하쓰코보初弘法'와 12월에 마지막 장이 서는 '시마이코보しまい弘法'라면 더욱 분명하다. 이곳은 평면화된 백화점처럼 말 그대로 온갖 상품百貨이 갖춰져 있고 백화점에는 없는 헌옷이며 분재까지 있다. 심지어 국보급의 고문서가 발견된 일도 있었다. 많은 사람들이 그저 노점 앞을 구경하며 걷는 모습을 보면 거꾸로 이런 잿날의 시장이 입체화된 것이 일본의 백화점이었다는 것을 새삼 깨달을 정도이다. 외국의 백화점에서는 목적 없이 구경만 하며 걷기가

유명한 도지의 아침 시장. 이 밖에 시내의 다른 사사寺社에서도 잿날이면 장이 열린다.

쉽지 않다고 한다. 그러고 보면 일본의 엔니치와 백화점에는 이런 공통의 즐거움이 있다. 북문에서 경내의 노점상들을 지나면 다이시도大師堂(대사당)가 나타난다.

이 사당은 사이인西院(서원)이라는 구역 중앙에 있다. 구카이空海 대사가 기거했던 승방이라고 전해지며, 그의 조각상이 안치되어 있다. 이 사당과 사이인의 동문東門 모두 남북조 시대에 조영된 것으로 노송나무 지붕의 경쾌한 아름다움을 지니며, 도지의 장대한 당탑과는 대조적으로 친

다이시도大師堂는 도지와 반대쪽에 있는 북문이나 동문을 통해 들어가게 되어 있다. 다른 사찰과 같은 인상을 준다.

근감을 자아낸다. 도지東寺는 중세가 되면서 구카이의 어영당御影堂 안에서 꿋꿋이 살아남아 시민의 것이 되었다. 지금처럼 잿날에 열리는 노점 시장은 에도 시대에 시작된 것으로 추정되지만, 경내에서 상인들이 참배객을 상대로 장사를 한 것은 무로마치 시대부터였던 듯하다. 도지는 마에다 쓰나노리가 기부한 『동사백합문서東寺百合文書』라는 궤짝 100개 분량의 방대한 사료를 통해서도 유명하다. 이 문서는 여러 나라에 있었던 도지 소유의 장원 자료가 다수 포함되어 있어 중세의 지방과 교토와의 경제 관계를 파악하는 데 도움이 될 뿐 아니라 사찰 내에서의 일상생활을 구체적으로 보여주는 내용도 있어 더욱 귀중한 사료이다. 거기에는 오에이 10년(1403) 남대문 앞에 한 모금에 1전을 받고 차를 파는 상인이 살았던 것을 보여주는 내용이 있다. 찻집의 가장 오래된 모습을 보여주는 문헌으로, 그 무렵부터 도지가 민중의 사찰이었다는 것을 알 수있다. 그 후부터 찻집은 점차 시내로 퍼졌는데, 개중에는차 만드는 도구를 멜대에 이고 돌아다니며 길가에서 차를파는 사람도 있었다. 가끔 당시의 풍속도 병풍에도 등장하는 모습이다.

소가 역사를 보여주는 기타노 신사

제4장
교토의 신사와 마쓰리
─기온과 기타노─

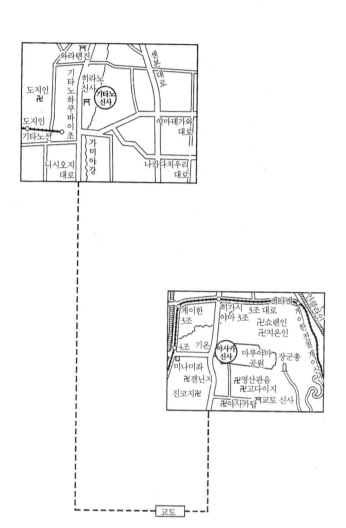

번영과 재해

　헤이안쿄 천도 반세기 만에 우쿄右京(우경)가 황폐해졌다. 덴겐 5년(982) 요시시게 야스타네가 쓴 『지정기池亭記』에는 '교토 동쪽 4조 이북에는 사람들이 귀천을 가리지 않고 몰려들고, 지체 높은 가문의 저택과 초가집이 벽 하나를 두고 처마를 맞대고 있다'는 기록이 있으며 '교토 서쪽은 인가가 드물고 폐허에 가까울 정도이다. 떠나는 사람만 있고 오는 사람이 없으니 집은 허물어지고 새로 짓지

잔잔한 가모강의 물살도 한번 날뛰면 무섭다. 1934년 시민의 체험.

않는다'고도 했다. 본래 헤이안쿄는 조방제로 구획을 나누긴 했으나 시내에는 논밭이 많았다. 특히 우쿄는 습하고 곳곳에 샘이 많아서 주거지로는 적당하지 않았다. 그렇기 때문에 인가가 사쿄左京(좌경)의 북쪽 고조高燥 지대에 집중된 것이다. 이것은 확실히 실패한 도시계획이었지만 현실적인 발전을 보여준 것이기도 하다. 그것이 당시 교토의 자연스러운 모습이며, 중앙의 강렬한 정치적 성격에 대해 주민들이 보여준 무언의 반발이기도 했다.

급기야 귀족들은 사쿄의 최동단을 지나 가모강 너머의 히가시야마 일대에 별장이나 사사寺社를 세웠다. 우쿄도 북쪽 교외인 하나조노花園, 사가嵯峨 지역은 번영했다. 시의 구역이 동과 북으로 이동한 것이다. 그것은 헤이안쿄라는 인위적으로 만들어진 도성이 진짜 살아 있는 생물로서 활동을 시작했다는 것을 의미한다. 그리고 오늘날 교토 사람들에게 사랑받는 기온과 기타노 두 신사는 모두 헤이안쿄의 동쪽과 북쪽 외곽에 위치하며, 이 도성의 활동과 상응하는 존재였다. 하지만 이 신사들의 성격을 생각하기 전에 교토에 대한 인구 집중과 그로 말미암은 다양한 현상에 대해 살펴보자.

헤이안쿄에는 본래 가도노군, 아타고군, 기이군의 시역이었던 각 고장에 살던 사람들이 그대로 편입된 것으로 보이며, 이 지방에는 앞서 보았듯이 하타 씨 출신이 압도적으로 많았다. 따라서 새 수도의 관청에서 하급 관료를 맡은 그들의 일부가 뛰어난 경제적 수완을 발휘했을 수도 있다. 당시 헤이안쿄 주변의 가옥과 토지 매매권부에 빠지지 않고 이름을 올렸던 하타노 나가미네라는 인물은 대장 시쇼史生(율령제 관청의 하급 관리직-역주), 동궁 시쇼, 중궁 시쇼 등을 지냈으며 덴안 원년(857)에는 우즈마사노키미스쿠네太秦公宿禰라는 성을 하사받은 후 야마시로 국적을 버리고 우쿄에 정착했다. 당시 헤이안쿄 정부의 재정적 실무를 맡아 활약한 하타 씨족 출신의 전형이었을 것이다. 하지만 하타 씨도 계속해서 새 수도를 장악할 수만은 없었다. 엔랴쿠 15년(796)부터 닌나 3년(887)까지의 『일본후기日本後記』 이하의 정사를 연구한 무라야마 슈이치村山修一는 약 90년에 이르는 이 시기에 정식으로 교토에 편입된 지방 호족의 수는 어림잡아 443명에 달한다고 보고했다. 그중에서도 야마토국 사람이 많았던 것은 옛 수도에서 이주해 왔기 때문으로 보인다. 그 밖에도 고키五畿(고대에 교토 주위에 있던 다섯 지방-역주)는 물론 북쪽의 무쓰 지방 서쪽의 히고에서도 이주했다고 한다. 쇼타이 4년(901)의 태정관부에는 하리마 지방 백성의 과반이 육위부六衛府(궁성과 천황의 수호를 맡은 6개 관청-역주)의 하인 신분을 얻어 국과 군을 떠나 하나같이 숙위를 칭하며 과역에 종사했던 것으로 나온다. 당시 지방 호족을 중앙 관청에 등용해 군사 제도적으로 중앙과 지방 정치의 말단 조직의 관계를 강화하는 새로운 정책 때문이기도 했지만, 이쯤 되면 더는 호족층에 머물지 않고 널리 반전 농민들에게까지 영향을 미쳤다. 교토에 부과된 과역이 다른 지방에 비해 가벼웠던 점도 매력으로 작용했을 것이다. 그 밖에도 지방 사람들은 다양한 기회와 이유를 찾아 교토로 몰려들었다. 다른 지방에는 심각한 문제였을 테지만 교토에는 인구 증가와 도시의 번영을 가져오는 것이었다.

이런 인구 집중 경향은 필연적으로 건축 자재의 수요 급증을 초래했다. 도지를 지을 때 쓰인 자재는 남쪽 교외의 이나리산에서 가져왔다고 하는데(도지와 이나리 신사가 결합하는 이유가 되었을 것으로 보인다), 누구나 근교에서 자재를 구할 수 있는 것은 아니었다. 그런 이유로 교토와 가까운 단바국의 산에서 자재를 가져오게 되었다. 헤이안쿄 창건 당초부터였던 것으로 보인다. 당시 조궁사造宮使를 맡았던 사카노우에노 다무라마로와 관련된 사찰 터가 오이노사카 토오게老の坂峠 너머의 가메오카시 시노초 오아자 숲에 남아 있다. 사카노우에노 다무라마로가 믿었다고 하는 천수관음을 본존으로 모신 이 사찰은 고쿠온지国恩寺(국은사)라고 불리며 중세에는 상당히 융성했다고 한다. 지금은 흔적도 없이 사라져 근처 사찰에 간신히 유물이 남아 있을 정도이지만, 이 사찰 터의 존재는 오이大堰강의 목재 운송으로 맺어진 단바국과 헤이안쿄의 관계를 분명히 말해준다.

교토의 서쪽 근교 우메즈梅津는 오이강으로 들어오는 목재가 도착하는 곳으로, 기야아즈카리木屋預라는 관리도 있었다. 다이도 원년(806)의 관부에는 '야마시로국 가도노군의 오이강의 물살이 세서 제방을 쌓았다. 멀리서 채벌했으나 결국 관개를 잃었다'는 기록이 있다. 이것도 오이강을 통한 목재 운송의 흔적을 엿볼 수 있는 동시에 일단 큰비가 오면 이렇게 먼 곳에서 목재를 채벌해도 강물의 범람을 초래해 논밭에 피해를 주었다는 것을 알 수 있다. 즉, 헤이안쿄의 번영이 수원지대의 삼림 채벌을 부르고 결국에는 하천의 범람을 초래한 것이다. 이런 상황은 교토를 가로질러 흐르는 가모강도 마찬가지였다. 가모강의 경우는 다카노강과의 합류로 인한 수로의 개수까지 있어서 강물의 범람이 더욱 잦았다.

이처럼 헤이안쿄는 인구가 집중하고 도시는 번영하는 것에 비례해 하천의 범람이 심해졌다. 율령 정부는 보카모가와시防鴨河使 등의 방재기관을 설치해 대책을 강구했지만, 준설공사 정도에 그치며 충분한 효과는 얻지 못했다. 결국 잦은 수해로 교토에는 역병이 창궐하게 되었다.

어령회

헤이안쿄에는 홍수로 인한 역병뿐 아니라 해역咳逆이라고 하는 유행성 감기와 천연두까지 돌았는데, 이는 모두 정쟁에 휩쓸려 비명횡사한 사람들의 원한 때문이라고 생각했다. 그중에서도 나라 시대 이후 정쟁에 패해 죽임을 당한 사람들의 원령에 대해서는 두려움과 경외심을 동시에 품고 있었다. 후지와라 씨족 중에서도 특히 후지와라 홋케藤原北家가 다른 씨족과 가문을 제압해 크게 융성하고 마침내 섭정과 관백의 지위에 오르기까지 뜻을 이루지 못하고 죽은 많은 원혼들이 있었다.

헤이조쿄 때도 일찍이 나가야 왕이나 후지와라노 히로쓰구 또는 아와지 폐제廢帝의 원령이 두려움의 대상이었다. 간무 천황 시대에는 고닌 천황의 황후이자 황태자 오사베 친왕과 함께 폐위되어 유배지에서 죽음을 맞은 이노에나이 친왕과 폐태자의 원령 등이 크게 활동했다. 그리고 원령이 활동한 결과가 또다시 원령을 낳았다. 헤이안

이마미야 마쓰리를 보고 신사 앞에서 파는 구운 떡을 맛보며 왕조 시대의 서민으로 돌아간 기분을 느낀다.

쿄에서는 나가오카쿄 천도와 관련해 일어난 후지와라노 다네쓰구 암살 사건에 연루되어 아와지 유배 중 세상을 떠난 폐태자 사와라 친왕(후에 스도 천황이라는 시호를 받음)의 원령, 헤이제이 천황의 즉위 당시 모반 혐의로 쫓겨난 이요 친왕과 그의 모친 후지와라노 요시코의 원령, 사가 상황이 승하하자 도모노 다케미네 등과 황태자 쓰네사다 친왕을 옹립하는 모반을 꾀하다 이즈로 유배되어 세상을 떠난 다치바나노 하야나리의 원령, 잇따라 모반죄로 이즈에 유배된 훈야노 미야타마로의 원령 등이 앞선 헤이조쿄 시대 후지와라노 히로쓰구의 원령을 떠오르게 한다. 훗날 엔기 시대의 스가와라노 미치자네가 더해졌다.

헤이안 초기 교토에는 이런 과거 정치의 어두운 그림자가 드리워져 있었다. 그 그림자를 걷어내기 위해 창시된 것이 어령회御靈会이다. 원령의 어두운 그림자를 걷어내려면 밝은 빛 아래에서 시끌벅적한 춤과 노래가 필요했다. 조간 5년(863) 5월, 조정은 신센엔에서 어령회를 열었다. 좌근위중장 후지와라노 모토쓰네와 우근위중장 겸 구라노카미內蔵頭 후지와라노 도키쓰라가 칙명을 받들어 이를 감독하고 왕족과 귀족들이 모여 관람하는 성대한 의식이었다. 어령회는 스도 천황을 비롯한 여섯 혼령들의 영좌를 만들어 꽃과 과일을 바치는 경건한 의식을 거행한 후 금광명경의 일부와 반야심경을 강독했다. 그 후에는 궁중 아악을 연주하고 천황의 시동 및 양가의 아이들에게 대당무大唐舞, 고려무高麗舞를 추게 하고 예인들도 앞다퉈 연희를 선보였다고 한다. 어령회가 열리는 날에는 신센엔의 서문을 개방해 시민들이 자유롭게 드나들며 구경할 수 있도록 했기 때문에 그야말로 특별한 마쓰리 풍경이 펼쳐졌다. 일반적인 원령의 저주를 물리치는 민간의 풍속이었던 어령회도 조정에서 처음 시행하면 정치적 사건에 연루되어 죽은 특정 인물들의 혼령을 위로하는 의식이 되었다. 그리고 후지와라노 히로쓰구, 스가와라노 미치자네의 원령까지 여덟 어령이라고도 불렀다. 이 여덟 원령을 신으로 모신 가미고료上御靈 신사와 시모고료下御靈 신사의 마쓰리는 관광객들이 몰리지 않는 만큼 교토 시내에서 열리는 향토적이고 친근감이 느껴지는 마쓰리이다.

그러고 보면 교토의 마쓰리는 대부분 어령회와 관계가 있다. 3대 마쓰리에 대해서는 앞서 말했듯이 아오이 마쓰리는 왕조 에마키와 같이 감상하는 마쓰리이고, 지다이 마쓰리는 메이지 시대 이후 관광 상품으로 만든 것이기에 기온 마쓰리 하나만 남지만, 그 밖에도 기타노 마쓰리, 가미·시모의 어령 마쓰리는 물론 시내와 근교의 마쓰리는 대개 이런 흐름을 잇는다. 그중에서도 이마미야 신사의 이마미야 마쓰리에서는 봄볕이 따사로운 4월 10일 화려하게 장식한 우산 아래 귀신 분장을 한 사람들이 북과 징을 치며 "안식의 꽃이여"라고 노래하며 춤을 춘다. 봄꽃이 질 무렵에 유행하는 역병을 쫓는 의식이었다. 그 밖에도 4월 하순에 미부데라壬生寺(임생사)에서 열리는 미부 대염불 교겐狂言도 징과 북을 치며 장단을 맞추는 무언극으로 야스라이 마쓰리와 일맥상통하는 의미가 있었다.

기온 마쓰리는 기온 어령회라고 불리듯 대표적인 어령회이다. 기온 신사의 전신은 앞서 이야기했듯이 야사카노 미야스코가 정주와 함께 생각해야 하는데 당시에는 부명 씨족 중심의 농경 신이었을 것이다. 하지만 이 신사도 마쓰오, 이나리 신사와 마찬가지로 제신의 신격이 바뀌었다. 야사카노 미야스코라는 씨족 세력의 쇠퇴와 부근의 도시화에 따른 자연스러운 과정이었다. 그러다 조간 11년(869) 역병이 유행하자 일본의 66개 지방을 상징하는 66개의 창을 앞세워 우두천왕牛頭天王을 모신 가마를 신센엔으로 보낸 것이 기온 어령회의 시작이라고 한다. 이 기원설은 사전社伝(신사의 유래와 내력 등을 기록한 문서-역주)에도 전해지지만 66개국이라는 숫자를 보아도 그대로 믿기는 힘들다. 다만 흥미로운 점은 신사의 창건이 어령회 이후의 조간 18년(876)이라는 점이다. 신사보다 먼저 마쓰리가 있었던 것이다. 또한 의식을 행하는 장소가 신센엔이었다는 것을 보아도 기온 신사와 직접적인 관련이 없고 시민에 의해 시작된 마쓰리였다고 생각된다. 기온 신사는 이런 어령 신앙의 대세를 교묘히 포착해 성립한 것이다.

기온 신사의 창건에 대해서는 기원정사의 수호신이라는 우두천왕을, 처음 환생한 하리마국 아카시우라에서 히로미네로 옮기고 그 후 교토에 모셨다는 지점에서부터 의견이 나뉘는데 『22사주식廿二社註式』에는 기타시라카와의 도코지東光寺(동광사)로 옮겨와 요제이 천황이 간교 연중에 간신인感神院(감신원)으로 옮겼다고 한다. 간신인은 신불습합神仏習合(일본 고유의 종교인 신도와 외래종교인 불교가 융합하여 나타난 신앙 형태-역주) 시대 기온 신사의 사호이다. 조간 18년 이듬해부터 연호가 간교로 바뀌었기 때문에 사전의 기록과 거의 가까운 창건 연대를 보여주는 기록이다. 한편 정사에 준하는 『일본기략日本紀略』에는 엔초 4년(926) 6월에 수행승이 '기온 천신당'을 공양했다는 기록이 있으며, 이는 『일대요기一代要記』 쇼헤이 4년(934) 조条에도 실려 있다. 사료 비판의 상식으로 따지면 신빙성이 높고 정사에 준하는 『일본기략』의 설을 채택해야겠지만, 나로서는 이 기록을 기온 신사의 창건설로 보기에는 다소 망설여지기 때문에 글자 그대로 천신당 공양으로 보고 싶다. 이 밖에도 교토에 모신 우두천왕이 지금의 기온 신사에 진좌하기까지의 장소로 4조 보몬에 있는 모토기온나기元祇園梛 신사도 함께 생각해봐야 할 것이다. 그만큼 기온 신사의 창건에는 모호한 부분이 많다. 하지만 우두천왕을 제신으로 모신 후 시민들이 행하던 어령회는 기온 어령회로서 신사의 마쓰리에 흡수되었다. 조간 11년 창건되었다는 사전의 기록도 아마 그런 정세가 반영되었기 때문이 아닐까. 『22사주식』에서 덴로쿠 원년(970) 최초로 기온 어령회를 열었다는 기록은 민간에 행해지던 어령제가 국가 행사가 된 시점을 나타낸다.

이처럼 어령회는 기온 신사에 우두천왕을 모실 즈음에

는 여덟 원령에서 우두천왕으로 귀일되는 경향을 보인다. 역신 우두천왕에 대해 최후의 원령이 된 것은 스가와라노 미치자네였다.

덴진상

기타노의 덴진상天神さん도 교토 시민들에게 친근한 장소이다. 잿날인 25일에는 분재 시장이 열려 경내가 더욱 붐빈다. 연초와 연말에 열리는 하쓰텐진初天神, 시마이텐진しまい天神 때는 걷기조차 힘들 정도이다. 쇼와 36년(1961) 7월까지는 교토역부터 호리카와 대로, 나카다치우리를 지나 이곳까지 칭칭 전차라 불린 노면 전차가 좁은 레일 위를 달리며 참배객을 실어 날랐다.

기타노 신사北野神社는 쓰쿠시 지방 다자이후太宰府로 좌천되어 그곳에서 세상을 떠난 스가와라노 미치자네의 원령을 달래기 위해 제사를 지낸 곳이다. 앞선 간교 연중(877~884)에는 후지와라노 모토쓰네가 뇌신을 모시고 풍년을 기원하는 제사를 지내 감응을 얻었다고 한다. 즉, 기타노 신사에도 미치자네 이전의 역사가 있었던 것으로, 본래는 농경 신인 뇌신을 모시고 기우제를 지냈다는 것을 알 수 있다. 고대인들은 천둥소리를 듣고 처음으로 천신의 존재를 느꼈을 것이다. 그런 천둥소리와 함께 단비가 내렸다면 천신은 곧 뇌신이었던 것이다. 뇌신은 가뭄에 시달리던 농민들의 절실한 기원을 들어주는 신이었지만, 한편으로는 고대인들에게는 재앙으로밖에 생각할 수 없었던 낙뢰落雷(벼락)라는 두려운 현상을 일으키는 신이기도 했다. 이런 신격의 양면성을 받아들이는 방식은 농촌 사회와 도시 사회가 당연히 다르다. 헤이안쿄라는 고대 도시가 완성되면서 도시민들에게는 새로운 도시민으로서의 의식이 자라났지만, 농촌의 직접 생산자와는 동떨어진 소비자 의식이었으며, 도시 생활을 영위하는 귀족의 의식과도 상통했다. 거기에 권력 다툼에서 진 사람들의 원령에 대한 두려움이 더해지자 어느새 농경 신으로서의 뇌신관도 원령이라는 두려움의 대상으로 바뀌게 된 것이다.

또한 기우와 풍년을 기원하는 농경의례로서 전 세계 농경민족 사이에서는 소나 말을 죽여 제물로 바치고 그 고기로 향연을 벌였는데, 일본에서도 불교에서 금하기 전까지 널리 민간 신앙으로서 행해졌던 듯하다. 기온 신사의 제신 우두천왕의 이름에서도 소의 희생을 추측할 수 있듯 기타노 신사의 덴진상이라는 애칭에서도 소가 연상된다. 참배로에 놓인 돌과 구리로 만든 커다란 소 조각은 쓰쿠시까지 스가와라노 미치자네를 따랐다는 전설이 있는데, 거기에는 분명 옛 신앙에 대한 새로운 해석을 덧붙인 것이다. 우리는 거기에서 스가와라노 미치자네 이전에 이미 소를 제물로 바치는 오랜 농경의례가 있었음을 알 수 있다. 이런 현상은 교토의 기타노 신사뿐 아니라 덴진 신사라는 이름의 여러 지방의 신사에도 공통적으로 나타난다. 기타노 신사도 결국 미치자네의 원령보다 학문의 신 혹은 문필의 신으로 모시게 되었다. 다른 지방의 덴진 신사도 농경 신으로서 기우를 비는 대상에서 점차 스가와라 미치자네를 제신으로 모시게 되었다. 교토에도 기타노 신사와 가까운 니시오지西大路에 같은 제신을 모시는 와라텐진藁天神 신사가 있다. 사호를 보면 농경 신이었던 것을 알 수 있다(와라는 볏짚을 뜻한다-역주). 교토 안에서 시골의 정취를 느낄 수 있는 곳이다.

기타노 신사라고 하면 신사에 소장된 일본 국보 『기타노텐진 엔기에마키縁起絵巻』를 잊을 수 없다. 깊은 가을 유배지에서 지난날 청량전清涼殿에서 천황을 모시고 애끓는 마음으로 지어올린 추사시秋思詩 한 편에 하사받은 어의를 곁에 두고 그리워하며 시를 짓던 스가와라 미치자네의 모습이 그려진 미술적 가치가 높은 두루마리 그림이다. 이 밖에도 『창건엔기創建緣起』라고 불리는 덴진 엔기緣起(신사와 절의 유래를 적은 책-역주)가 몇 가지 있다. 이를 종합하면 기타노 신사는 일찍이 덴교 5년(942) 시모교下京에서 다지히노 아야코라는 한 천민의 집 근처에 모셔져 있었는데, 히라노미야比良宮에서 천신의 신탁을 받았다는 어린아이가 나타나자 이들과 힘을 모아 기타노에 신사를 세웠다고 한다. 하지만 결국 천민이었던 다지히노 아야코는 제외되고, 스가와라 씨와 인연이 있었던 승려가 기타노 신사를 독점하게 되었다. 마침 그 시기에 후지와라 씨가 사재로 신전을 증축하면서 그 성격이 문필의 신으로 바뀌게 된 것이다. 실은 이 덴진 엔기에마키만큼 일반에 널리 알려진 것도 드물다. 그것은 『융통염불 에마키融通念仏絵巻』와 같이 간행된 것에 비할 정도로 겐큐 5년(1194)에 쓰인 『덴진기天神記』를 가장 오래된 본문으로 『기타노세이뵤엔기北野聖廟緣起』,『기타노텐진엔기北野天神緣起』 이후에 『마쓰자키

텐진엔기松崎天神縁起』, 『에가라텐진엔기荏柄天神縁起』 등의 유명한 것 외에도 『쓰다본텐진엔기津田本天神縁起』를 비롯한 지방의 텐진 신사가 소장한 엔기는 남북조 시대부터 무로마치 시대에 걸쳐 10여 종이 소개되면서 나라에혼奈良絵本이며 선면화扇面画에까지 흘러들어갔다. 이것도 이런 엔기가 지방 사람들의 생활에도 어떤 역할을 했다는 것을 보여준다. 내 생각에는 농경 신으로서의 단순한 천신이 여유가 생긴 농촌의 문필의 신으로서 스가와라 미치자네의 천신으로 바뀐 증거라고 생각한다.

기타노 신사는 이렇게 전국적으로 친근한 신사가 되었다. 도요토미 히데요시가 기타노 신사 경내의 솔밭에서 성대한 다회를 열었던 것도 그곳이 주라쿠다이聚楽第(취락제)에 가까웠기 때문만이 아니라 민심을 얻기에 적당한 장소였기 때문일 것이다. 그런 인연으로 지금의 신전은 도요토미 히데요리가 세운 것으로, 얏쓰무네쓰쿠리八棟造り(본전과 배전을 잇는 이시노마라는 복도에 각각 지붕을 얹어 하나의 큰 지붕으로 구성한 건축 양식-역주)라는 독특한 지붕으로도 유명하다.

기타노 신사와 기온 신사는 교토의 동쪽과 서쪽으로 떨어져 있지만, 둘 다 헤이안쿄에서는 먼 교외 지역으로 마찬가지 농경 신을 모시면서 시작된 신사였다. 게다가 한 곳은 우두천왕이라는 역신으로, 다른 한 곳은 스가와라노 미치자네라는 인격신으로 발전했다. 발전 과정에서 어령회라는 독특한 마쓰리가 탄생했는데, 이는 두 곳 모두 근교의 도시적 발전에 따라 성립한 것이었다. 기타노에 니시쿄 나나 보保라는 직속 신관들이 모여 사는 마을이 있었듯이, 기온에도 신사가 검단권檢斷權(위법을 조사하고 단죄할 권리-역주)을 가진 보가 있었으며, 기타노 신사 소유의 양조좌

기온 신사는 야사카탑이 보이는 남쪽이 정문이며, 바로 옆에는 찻집이 있어 유흥가를 이루는 시초가 되었다.

座(중세 상공업자들의 조합 조직-역주)가 있었는가 하면, 기온 신사 소유의 면포좌를 비롯한 여러 좌가 있었다. 이들 조합은 중세 교토의 상업 발전에 크게 기여했다. 마치슈町衆(마치 단위의 자치적인 공동체를 조직하고 운영한 도시 거주민-역주)라고 불린 사람들 중에도 이들 조합에 포함된 사람들이 많았다. 두 신사 모두 서민들에게 친근감을 주는 존재이자 대비되는 성격도 가지고 있었다.

왕조 예술의 최고봉, 호오도鳳凰堂 내부

제5장
왕조의 역사 산책
─사가노 · 우지 · 오하라─

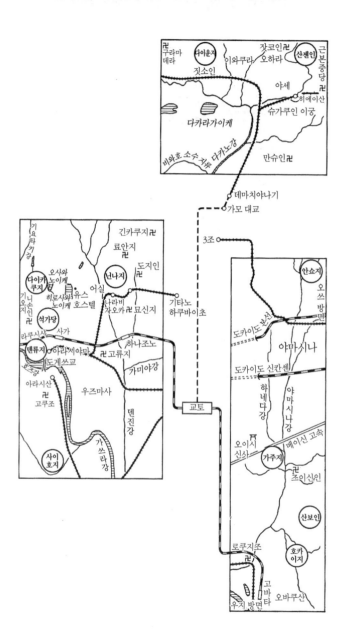

오무로에서 사가로

왕조 시대 귀족들의 생활 모습은 모노가타리物語(산문 문학-역주)나 에마키絵巻(설화, 전기 등을 두루마리에 글과 그림으로 나타낸 작품-역주) 등을 통해 알려진 것 외에는 역사의 도시 교토에서도 쉽게 찾아볼 수 없다. 그들이 세운 사찰이나 별장의 유적을 그나마도 교외에서만 볼 수 있다. 물론 지금은 전차나 버스로 반 시간 정도면 갈 수 있지만 왕조 시대에는 하루는 족히 걸렸을 것이다.

오무로라는 말에도 왕실의 격조가 있다. 닌세이仁淸와 겐잔乾山도 찾았던 닌나지.

기타노 신사의 서쪽 기타노 하쿠바이초에서 아라시야마 전차를 타면 아시카가 씨의 보다이지菩提寺(보제사)가 있는 도지인等持院(등지원), 석정으로 유명한 료안지竜安寺(용안사), 하나조노 천황이 창건한 선찰 묘신지妙心寺(묘심사) 등을 거쳐 낙서 지역 관광 코스의 중심에 위치하는 것이 닌나지仁和寺(인화사)이다. 지금까지의 사찰이 모두 중세에 창건된 것을 생각하면 동쪽으로 옮긴 교토에서 이곳까지는 꽤 멀리 떨어져 있다. 구릉 세 개가 나란히 이어진 독특한 지세 때문에 도성과의 표식으로 삼은 나라비가오카双ヶ丘 남서쪽 일찍이 도키와常盤의 숲이라 불리던 울창한 삼림 지대 북쪽에 우다宇多 천황이 선친 고코 천황의 명복을 기원하기 위해 세운 것이 바로 닌나지이다. 우다 천황도 출가해 어소로 삼은 후부터 역대 법친왕法親王들이 입산하면서 어실御室(오무로)이라고도 불렸다. 웅장한 삼문을 지나면 널찍한 경내가 펼쳐지며, 오른쪽으로는 5중탑(일본 국보)이 곧장 눈에 들어온다. 왼쪽에 펼쳐진 유명한 벚꽃 밭에는 늦게 핀 벚꽃이 가는 봄을 아쉬워한다. 금당인 미에이도御影堂(어영당)는 모모야마 시대의 어소였던 자신전과 청량전을 간에이 14년(1637)에 옮겨온 것으로, 그 밖의 가람은 도쿠가와 이에미쓰가 기부했다고 전해진다. 왕조 시대의 유구는 찾아볼 수 없지만, 그 전통을 잇는 노송나무 지붕의 완만한 경사와 격자무늬 장식이 돋보이는 덧문, 그리고 여닫이문이 달려 있는 궁정의 건축 양식은 어실로 불린 이 사찰의 성격에 더없이 어울리는 느낌이다.

닌나지 주변에는 엔유, 이치조, 고스자쿠, 고산조 천황의 칙원으로 엔유円融, 엔교円教, 엔조円乗, 엔슈円宗의 네 절도 잇따라 세워졌다. 물론 지금은 흔적도 없이 사라졌다. 또 나라비가오카에 있던 기요하라노 나쓰노의 별장을 덴안 2년(858) 사찰로 개조해 소큐지双丘寺(쌍구사)라고 부르게 되었다. 하지만 그 뒤를 이어 다이지 5년(1130) 다이켄몬인待賢門院(도바 천황의 황후-역주)의 어원사御願寺가 된 호콘고인法金剛院(법금강원)은 지금도 당시의 본존이 그대로 모셔져 있다. 본당 뒤편에는 별장이었던 시절 조성되었던 정원 연못의 자취를 엿볼 수 있다. 이곳에서부터 나루타키鳴滝까지는 그야말로 왕조 시대의 이상의 흔적이라고 할 수 있다.

히로사와노이케広沢池까지 가면 아타고산의 수려한 봉우리가 한층 가까워지며 사가노嵯峨野의 분위기가 강하게 느껴진다. 연못 수면에 비친 산을 벤조지遍照寺(편조사)산이라고 하는데, 이 연못은 어실의 주인이었던 우다 천황의 손자 간초寬朝가 벤조지라는 절을 세우면서 중국의 동정호洞庭湖를 본떠서 만들었다고 한다. 과연 왕조의 임천林泉다운 풍격을 지녔다. 서북쪽으로 더 가면 사가 천황의 별궁이 있었던 사가 어소라는 이름으로 친숙한 다이카쿠지大覚寺(대각사)가 나온다. 조간 18년(876) 쓰네사다 법친왕을 개창자로 사찰로 개조한 후 인화사와 마찬가지로 황실과 관련이 깊은 문적門跡(왕실이나 귀족의 자제들이 출가해 그 법통을 계승하는 절 또는 주지-역주) 사원이 되었다. 가마쿠라 시대 말기에는 대각사통이라고 불린 역대 어소로서 이곳에서 남북조 시대 두 왕조의 강화 회의가 이루어지기도 했다. 사원 한쪽에는 히로사와노이케만큼 유명한 오사와노이케大沢池가 사가원의 옛 정원 연못의 모습을 그대로 간직하고 있다.

다이카쿠지의 신전은 엔포 연간에 고미즈노오 법황이 하사한 것으로 모모야마부터 간에이 무렵의 궁정의 분위기가 느껴진다. 특히 각 방에는 금색 바탕에 화려한 채색을 한 모란, 홍매, 유송柳松, 송학松鶴 등이 그려진 후스마에襖繪(방과 방을 나눈 칸막이 문에 그린 그림-역주)가 있다. 가노 모토노부나 가노 산라쿠가 그렸다고 전해지는 만큼 이 신전은 모모야마 문화의 연총淵叢이라는 느낌이 강하다. 교토에서는 왕조의 유적을 통해 모모야마, 간에이 시대의 유산을 종종 발견할 수 있다. 그리고 그것이 조화롭게 어울린다. 이런 현상은 물론 고미즈노오 천황 등 기증자의 지원도 있지만 상호의 조화는 더욱 넓게 생각해야 할 문제일 것이다. 언뜻 떠오르는 것은 교토의 모모야마, 간에이 시대의 문화의 근저에는 고전에 대한 깊은 동경을 품고 있었던 것이 아닐까 생각된다. 특히 간에이 시대는 당시 경제적 실권을 쥐고 있었던 상층 마치슈들이 공가公家와 교유하면서 독자적인 문화를 꽃피웠던 시대였다. 당시의 후스마에에 야마토에大和繪(일본의 풍경이나 풍속을 그린 전통적인 회화 양식-역주)가 부활하고 한창 유행하던 요곡謠曲에서도 고전에 대한 관심이 엿보인다. 이런 사회 분위기가 당대의 문화유산을 왕조의 유적과 걸맞은 수준으로 끌어올린 것이다. 간에이 시대가 이런 문화유산을 갖고 있지 않았다면 왕조 시대의 역사 산책은 무척 단조로웠을 것이다.

과거 사가원 서쪽에는 좌대신 미나모토노 도오루의 별

장 세이카간棲霞観(서하관)도 있었다. 미나모토노 도오루는 가와라 좌대신이라고 불렸듯 교토의 6조 가와라 부근에 소금가마의 풍경을 그대로 옮긴 연못 정자를 조성한 인물이었던 만큼 별장에는 사가의 풍물을 유감없이 도입했을 것이다. 훗날 사찰로 개조되어 아미타불과 좌우 협시를 거느린 삼존불을 본존으로 모시고 세이카지棲霞寺(서하사)라고 칭했다. 하지만 헤이안 시대 중기 당나라에 간 도다이지의 조넨奝然 상인이 천축, 당, 일본의 3국에 전래된 불상을 가져와 이 절에 모시고 그의 수제자 조산盛算이 그 불상을 안치할 석가당을 세워 세이료지清涼寺(청량사)라 칭하게 되었다. 3국에 전래된 불상은 그 후 많은 사람들의 관심을 모으며 일찍부터 모상模像이 다수 만들어지는 등 세이료지의 명성이 높아지자 세이카지는 압도되고 말았다. 즉, 오늘날 사가 세이료지의 본당은 석가당이지만 실은 아미타당이야말로 세이카지의 본당이다. 〈백만百万〉이라는 요곡으로 알려진 사가 대염불의 자취도 사찰에 소장된 수많은 가면을 통해 확인할 수 있다.

석가당의 문 앞부터 양옆으로 소박한 정취가 남아 있는 아스팔트길을 따라가면 가메야마도노亀山殿의 소유지였던 덴류지天龍寺(천룡사)를 지나 도게쓰교渡月橋(도월교)가 나오는데, 그 전에 서쪽으로 들어가는 길을 따라 노노미야野宮(야궁)로 향한다. 이세 신궁의 재궁斎宮(이세 신궁에서 봉사한 미혼의 여자 황족-역주)이 된 황녀가 1년간 재계하며 지내던 궁전이다. 『겐지모노가타리源氏物語』의 사카키노마키榊の巻에서도 등장한 곳으로 통나무로 세운 도리이鳥居에 섶 울타리를 두른 옛 모습을 고스란히 간직하고 있다. 노노미야를 둘러싼 고요한 잡목림에는 그 옛날 히카루 겐지가 찾

사가에서는 인기가 많지 않은 석가당도 오래전에는 3국 세계관의 대본산이었다.

왔다는 재궁의 전각도 있었을 것이다. 서쪽으로 더 가면 '감나무 주인이여, 우듬지 가깝구나 아라시야마'라는 시가로 알려진 라쿠시샤落柿舎(낙시사), 호넨法然 상인의 검박한 암자가 있었던 니손인二尊院(이존원), 『헤이케모노가타리平家物語』의 비애가 고스란히 배어 있는 기오지祇王寺(기왕사) 등 오쿠사가를 둘러싼 사찰들이 곳곳에 점재한다. 도월교로 돌아와 가메야마의 무성한 숲이 드리운 오이大堰 강가에 멈춰서면 『료진히쇼梁塵秘抄』에 실린 이마요우타今様歌의 한 구절이 떠오른다. 사가노는 과연 왕조의 연회장이었다.

사가노의 연회는 은어잡이 배, 뱃사공, 흘러가는 단풍
산그늘에 울려 퍼지는 거문고 소리, 정토의 유희로구나.

다이고에서 우지로

왕조인의 생활의 자취는 교토의 서북쪽과 동남쪽으로 대조적으로 퍼져나갔다. 동북쪽에 있는 히에이산과 서남쪽을 흐르는 오이강이 가로막고 있었기 때문이다. 즉, 서

북쪽 어실에는 동남쪽에 다이고醍醐산이 있고, 더 멀리 사가에는 우지宇治강이 있다. 거기까지 가면 산간의 협곡을 가르고 분지로 흐르는 호즈保津강과 우지강을 앞에 두고 왕조인의 유희는 한층 풍요로워졌을 것이다.

다이고까지는 게이한 철도 3조 역에서 야마시나山科를 경유하는 버스를 이용한다. 게이신 국도로 히가시야마를 넘으면 히노오카 일대부터 좌우로 야마시나 분지가 드넓게 펼쳐지며 동시에 주택가가 이어진다. 교토 시내이긴

도요토미 히데요시와 인연이 깊은 모모야마 시대의 대표적인 정원의 자취를 간직한 다이고지 산보인.

하지만 근교 농촌과 위성도시가 뒤섞인 지역이 야마시나다. 야마시나 중앙에는 중세 이래 야마시나 혼간지本願寺(본원사)라는 이름으로 알려진 혼간지 별원別院의 커다란 기와지붕이 눈길을 끌지만, 북쪽 산기슭 아래 고즈넉이 자리잡은 안쇼지安祥寺(안상사)를 아는 사람은 그리 많지 않을 것이다. 안쇼지는 가쇼 원년(848) 후지와라노 노부코가 창건하고 에운慧雲을 개기開基(절 짓는 일에 종사하는 큰스님-역주)로 건립되었는데 한창 번성하던 시절에는 대문, 대탑, 금당을 비롯한 700여 채의 당우를 거느렸다고 전해진다. 후지와라노 노부코는 후지와라 씨 북가北家가 융성하는 기초를 연 후지와라노 후유쓰구의 장녀이다. 또 닌묘 천황의 황후이자 몬토쿠 천황의 생모로 후지와라 씨가 천황의 외척으로서 정치의 중심에 서는 단초가 된 여성이다. 그런 후지와라노 노부코가 창건한 절이 이렇게 크게 발전한 것은 그 후 후지와라 씨의 번영과 비례하는 의미를 지녔을 것이다. 하지만 오늘날 안쇼지에서는 왕조의 자취를 찾아볼 수 없다. 에도 시대 말에 재건된 본당, 지장당, 조사당 등이 황량한 모습으로 남아 있을 뿐이다. 이렇게 변모하게 된 것은 오닌·분메이의 난 때문이었다. 그 후 왕조의

유적은 다수가 모모야마, 간에이 시대의 유산으로 되살아
났지만 안쇼지는 끝내 그 기회를 잃었다. 원래의 사찰 부
지는 동북쪽으로 한참 더 들어간 현재의 비샤몬도毘舎門堂
(비사문당) 부근이라고 한다. 비샤몬도는 본래 낙북의 이즈
모지에 있었으며, 엔랴쿠 시대 사이초最澄가 직접 조각한
불상을 안치했다고 하는데 그 후 이곳저곳을 전전하다 간
분 5년(1665) 이곳으로 옮겨졌다고 한다. 따라서 비샤몬도
에서도 왕조의 역사는 찾아볼 수 없다.

하지만 실망하기에는 아직 이르다. 야마시나의 남쪽 가
주지観修寺(관수사)까지 오면 다이고 천황의 모후 후지와라
노 인시의 생가인 미야지노 이야마스宮道弥益의 저택 터가
있다. 이곳에는 배를 타고 연못 주위를 돌며 감상하던 당
시의 유풍이 남아 있는 연못 정원이 있다. 엔기 4년(904)
다이고 천황의 칙원에 의해 절로 개조되면서 어원당, 천수
당, 종루, 경장 등의 당우를 갖춘 가람이었지만 분메이 2
년(1470)의 전화로 소실되었다. 하지만 이 절의 경우, 겐로
쿠 10년(1697) 메이쇼 천황의 구 전각을 이축했다. 메이쇼
천황은 고미즈노오 천황의 황후 도후쿠몬인東福門院의 딸
로 그 치세도 고미즈노오 상황의 원정하에 있었다. 따라

서 그때부터는 쇼인즈쿠리書院造(서원조)라는 새로운 양식에도 불구하고 지가이다나違棚(두 개의 판자를 아래위로 어긋나게 단 장식용 선반-역주) 등의 우아한 디자인과 도사파土佐派 양식의 후스마에를 통해 왕조 시대를 느낄 수 있다. 가주지는 야마시나 분지를 가로지르는 야마시나강 서쪽 산기슭에 있다. 야마시나강 동쪽 오노小野에는 즈이신인随心院(수심원)이 있다. 이 절은 간닌 2년(1018) 닌가이仁海 승정이 건립한 명찰 만다라지曼荼羅寺(만다라사)의 후신으로 역시 오닌의 난 때 소실되었다. 그 후 게이초 4년(1599)에 재건한 본당, 간에이·쇼보(1624~1648)에 걸쳐 완성된 총문, 현관, 서원 등이 남아 있다. 이곳에도 가주지와 공통된 왕조 시대의 감각이 배어 있다.

다이고지醍醐寺(제호사)는 간교(877~885) 연간에 쇼보聖宝 대사가 다이고산 위에 준지당准胝堂, 여의륜당如意輪堂을 세운 것을 시작으로, 사호에도 나타나듯 다이고 천황의 칙원에 의해 조헤이 원년(931) 산 위아래에 불당이 지어졌다고 한다. 오늘날 교토 최고最古의 건축물인 5중탑은 덴랴쿠 6년(952)에 세워졌다. 쇼와 36년(1961) 해체 수리가 이루어져 수많은 연구 자료를 제공했지만 제2 무로토 태풍으로 세 차례나 기울어졌다고 한다. 천년의 풍설을 버틴 고탑이 해체 수리 불과 1년여 만에 기울어진 것을 보면 과연 옛 기술 안에 그 비밀이 숨겨져 있다고 할 수 있다. 그밖의 불당들은 모두 오닌의 난 때 소실되고, 게이초 연간(1596~1615) 도요토미 씨에 의해 복원되었다.

특히 산보인三宝院(삼보원)은 모모야마 시대 서원 양식의 전형으로 실내에는 유송도와 추초도가 그려진 후스마에와 굴곡진 연못 정원에 놓인 호방한 돌의 배치가 대조를 이루며 전당과 정원이 하나가 된 듯하다. 그 둘을 이어주듯 천전泉殿(이즈미노도노)에는 왕조 시대의 침전조寝殿造(신덴즈쿠리) 양식을 도입했다. 당시에는 이곳에서 노가쿠能楽를 관람하기도 했다고 한다. 우리는 고전적 세계에서 옛 정취를 물씬 느낀다. 이제 히노日野의 호카이지法界寺(법계사)에 가면 저절로 정토교의 세계로 들어간다.

호카이지는 '히노의 오야쿠시 상お薬師さん'이라고도 불린다. 교토에서는 그 편이 더 잘 통할 만큼 순산과 수유의 신앙으로 유명하다. 본래 후지와라 씨 일족인 히노가家의 별장이 있었던 곳으로 에이쇼 6년(1051) 히노 스케나리가 절로 개조해 보다이지로 칭했다. 이 절의 창시에는 다

양한 설이 전해진다. 히노의 먼 조상인 후지와라노 이에
무네가 고닌 13년(822) 계단戒壇 건립의 명을 받고 히에이
산을 올랐을 때 전교 대사 사이초로부터 직접 조각한 7촌
寸 크기의 약사여래상을 받았는데 그것이 히노의 본존불
이라는 것이다. 하지만 이 시점에 절의 창시를 생각하는
것은 무리였기 때문에 역시 본존에 관한 전설 중 하나라
고 생각해야 할 것이다. 분명한 것은 히노 스케나리가 출
가해 히노가의 별장을 절로 개조하면서 앞선 전설과의 조

『호조키方丈記』의 저자 가모노 초메이가 교토를 떠나 은거한 것은 히노의 조
도인 부근이었다.

화를 생각하면 선조 대대로 내려오던 약사여래상을 태내에 품은 약사상을 안치하기 위해 먼저 약사당을 세웠을 것이다. 이 약사당은 일찌감치 소실되고 메이지 말기에 야마토 지방의 덴도지伝燈寺(전등사) 본당을 옮겨와 복원했다. 본존은 히노 스케나리가 조각한 약사여래상으로 현재 비불秘仏로 모셔져 있다. 이 약사여래불 전설을 통해 널리 신앙을 전파해왔지만, 현실은 창건 초기부터 정토교 신앙이 성행하면서 아미타여래상과 그 당에 중점을 두었던 듯하다. 아미타여래상은 조초定朝의 작품으로 전해지며, 보도인平等院(평등원) 호오도鳳凰堂(봉황당)와 거의 같은 양식의 장륙불상으로 원형 비천광飛天光의 광배에 둘러싸인 영원한 고요 속에서 연화좌 위에 앉아 있다. 그리고 이 불상을 중심으로 당내의 천장과 벽에는 공양하는 천인과 보살의 그림과 함께 악기, 연화 등이 난무한 벽화가 장식되어 있다. 정토의 이미지를 그린 것으로 호오도의 벽화보다 오히려 소박하고 친근감이 느껴진다.

히노에서 일단 야마시나 가도로 돌아와 이시다石田를 지나 길게 뻗은 대숲을 통과하면 고와타木幡이다. 『만엽집万葉集』에서 '야마시로의 고와타, 말은 있지만 걸어서 왔

네, 당신을 그리며'라고 노래한 고대 교통의 요충지이자 『고사기』에서는 오진 천황과 고와타 처녀의 사랑 이야기로도 유명한 전설의 땅이다. 여기에서 왕조의 역사를 따라 걷는 이의 마음을 끄는 것은 후지와라 씨족의 역대 분묘가 있는 곳이라는 점이다. 지금도 오구라산의 비탈부터 오바쿠까지 이어진 언덕 곳곳에 작은 나무숲으로 둘러싸인 묘지가 있으며, 황비의 능묘를 포함해 주인도 모른 채 우지릉宇治陵으로 관리되고 있다. 당시에는 이들 분묘를 공양하기 위해 후지와라노 미치나가에 의해 조묘지浄妙寺(정묘사)라는 당탑도 세워졌다. 현재는 그 절터도 마을 사람들의 묘지로 바뀌었다. 우지까지는 이곳에서부터 황벽종黃檗宗(선종의 한 파)의 본산 만푸쿠지万副寺(만복사)를 거쳐 차밭에 둘러싸인 길이 한참 이어진다. '삼문을 나오면 이곳이 일본 찻잎 따는 노래'라는 시구로 잘 알려진 경관이다.

우지의 유락지로서의 역사는 더욱 오래되었다. 오진 천황의 이궁離宮 터에 우지노와키 이라쓰코 황자의 생모 미야누시宮主 씨의 후손들이 세웠다고 전해지는 우지 신사에서부터 시작되는데 오진 천황은 전설이라고 쳐도 다이카 2년(646)에 놓인 우지교宇治橋는 오래전부터 교통의 요

충지로서 발전해왔음을 보여준다. 우지교의 서쪽 상류에는 강 쪽으로 돌출된 난간이 하나 있는데 이를 산노마三の閒라고 한다. 이 다리를 신성시한 사람들이 이곳에서 다리를 지키는 여신인 하시히메橋姫에 제사를 지냈다고 한다. 근세에는 도요토미 히데요시가 이곳에서 찻물을 길었다는 새로운 전설이 추가되었다. 『겐지모노가타리』의 우지 10첩의 무대로도 우키후네浮舟나 하시히메의 이름은 친숙

강물은 쏜살같이 흐르고 사람들은 말을 멈추고 모여 있다. 강을 건너는 사람과 말은 목숨을 잃기 일쑤이니 예나 지금이나 건널 도리가 없다(우지교의 단비斷碑에 쓰인 내용-역주).

하다. 이 전설과 문학 속 왕조의 모습을 오롯이 간직하고 있는 것이 뵤도인의 호오도이다.

뵤도인은 우지 차를 파는 상점들을 지나 정문으로 향하는 것도 좋지만 우지교 동쪽 노교겐能狂言에도 등장한 한 유서 깊은 찻집 쓰엔通円 쪽에서 동강난 비석으로 알려진 하시데라橋寺(교사) 방생원과 오진 천황, 우지노와키 이라쓰코, 닌토쿠 천황의 3좌를 모신 우지 신사를 지나 조동종曹洞宗 초대도량인 고쇼지興聖寺(흥성사)에 들러 고토자카琴坂의 단풍을 감상하고 그 석문 앞부터 나룻배를 타고 건너가는 편이 피안으로 건너듯 훨씬 운치가 있다. 강 서쪽에 닿으면 솔숲에 덮인 작은 섬 사이로 13중탑이 우뚝 서 있는 곳이 우키시마浮島이다. 이 석탑은 고안 9년(1286) 사이다이지의 승려 에이손叡尊이 우지교를 재건할 당시 세운 것으로 살생을 막기 위해 우지강에서 은어를 잡는 어살을 치지 못하게 염원하여 결국 실현시켰다. 그때까지 어살은 우지강의 풍물로 유명했다. 이 부근의 강가에서는 『겐지모노가타리』의 사사키佐々木, 가지와라梶原의 선봉 다툼을 떠올리는 사람도 많을 텐데 그 비석도 섬의 북쪽 기슭에 있다. 우지교의 모습도 이 강의 중간쯤부터 13중탑을 점

경으로 바라보는 풍경이 가장 아름답다. 이윽고 나룻배가 뵤도인 앞 강둑에 닿는다.

둑을 지나면 기대하던 호오도가 연못 서쪽으로 좌우의 익랑翼廊과 뒤쪽의 미랑尾廊을 갖춘 유려한 자태를 드러낸다. 운 좋게 정면의 문이 열려 있으면 격자 위쪽에 둥글게 뚫린 작은 창으로 본존 아미타여래의 인자한 얼굴을 볼 수 있다. 예부터 많은 사람들이 극락정토에 비유한 당내로 들어가지 않고 이렇게 연못 건너편에서 아미타불의 내영来迎을 빌었을 것이다. 후지와라노 요리미치가 아버지 미치나가에게 물려받은 별장을 사찰로 개조해 에이쇼 7년(1052) 본당을 짓고 이듬해에는 아미타당 즉, 호오도를 세웠다. 후지와라노 미치나가가 세운 어당御堂 호조지法成寺(법성사)는 흔적도 없이 사라졌다. 현재 데라마치 대로의 오키고등학교가 있는 옛터에서 당시의 기와가 출토되었다는 보고가 있을 뿐이다. 또한 오늘날 요곡 '동북'의 무대로 더 잘 알려진 도호쿠인東北院(동북원)이 요시다산의 신뇨도真如堂(진여당) 구석으로 옮겨져 간신히 명맥을 유지하고 있다. 그만큼 섭관 정치의 전성기를 상징하는 유적으로서 호오도의 존재는 실로 귀중하다.

본존 아미타여래상은 당대 불상 조각의 대가 조초定朝의 대표작이다. 8각 9중의 장려한 연화좌 위에 상품상생인上品上生印을 하고 정좌한 아미타여래의 지그시 내리뜬 두 눈에는 중생에 대한 자애가 넘쳐흐른다. 어깨에 걸친 옷자락은 흘러내리는 듯 부드럽고 우아한 분위기를 자아낸다. 등 뒤에는 화려한 불꽃 무늬 광배가 받치고 있고, 그 불꽃 속을 천인들이 날고 있다. 사방 벽에 장식된 51구의 운중공양보살은 호오도 전체가 장대한 교향곡의 세계 속에 있는 듯한 느낌을 준다. 본존불의 머리 위를 장식한 닫집天蓋과 옻칠과 나전 장식으로 화려하게 꾸민 우물천장 역시 훌륭한 작품이다. 당내 사방의 문과 널벽에는 구품 아미타내영도가 그려져 있다. 동쪽 면 중앙 문 두 장에 그려진 상품상생도上品上生図만 간분 시대에 새로 그려진 것으로 나머지는 모두 야마토에大和繪의 극치를 보여준다. 벽화 위쪽에 조다이요上代樣(헤이안 중기에 완성된 일본 특유의 서체-역주) 풍의 유려한 필체로 쓰인 관무량수경의 경문과 함께 후지와라 시대의 대표적인 유품이다.

히노 호카이지의 아미타당을 보고 이곳에 오면 분명 같은 시대, 같은 사상을 바탕으로 지어진 건축물이 이토록 호화로울 수 있다는 사실에 놀라게 된다. 그것은 똑같은 귀족이라도 '천하가 모두 나의 것'이라는 즉흥시를 읊었다는 관백가와 일반 귀족의 경제력 차이를 단적으로 보여준다. 호오도는 뵤도인을 대표하는 건축물이지만, 그 밖에 헤이안 말기의 건축 양식을 보여주는 관음당과 본존 11면 관음입상도 손꼽히는 수작이다. 뵤도인은 사이쇼인最勝院 (최승원)과 조도인淨土院(정토원) 두 절에서 관리하고 있다. 사이쇼인의 위엄 있는 현관은 모모야마 시대의 양식으로 후지와라 시대의 화려함을 만끽한 눈에 신선한 자극을 준다. 조도인의 양림암養林庵 서원에는 후시미성의 유구인 투조透彫로 만들어진 등꽃 무늬 교창이 눈을 즐겁게 한다. 이들 건축물 또한 결코 호오도에 뒤지지 않는 훌륭한 작품이다.

우지강의 강둑으로 돌아와 강을 따라 1km쯤 올라가서 오른편 산길을 500m쯤 더 가면 흡사 중세의 이상향을 떠올리게 하는 우지 시라카와白川라는 조용한 마을에 도착한다. 이곳에 과거 뵤도인에 버금가는 후지와라노 요리미치의 별장이 있었다. 요리미치의 딸이자 고레이제이 천황의 황후 후지와라노 간시가 이곳에서 지내다 고와 4년

(1102) 곤지키인金色院(금색원)이라는 절을 세우고 불당을
금박으로 장식했다고 한다. 지금은 절의 총문과 지장원
의 작은 암자에 고불古仏을 보관하고 있다. 많은 고불 중
에서도 오른손을 들고 왼손을 늘어뜨린 내영상을 지은 아
미타여래의 입상과 연화좌에 왼다리를 세우고 꿇어앉은
관음보살의 좌상이 인상적이다. 곤지키인의 본존일 것이
다. 본래 이 불상들을 모신 시라야마白山 신사는 규안 2년
(1146)에 창건되었으며, 겐지 3년(1277)에 세워진 배전拜殿
이 주택풍의 소박한 모습으로 주변의 고요한 자연에 동화
되어 있다. 왕조의 역사 산책을 마무리하기에 무척 잘 어
울리는 장소라 할 수 있다.

낙북의 길

히에이산이 우뚝 솟은 교토의 동북쪽은 귀족의 별장지
라기보다 천태 삼천방三千坊이라고 불렸을 정도의 대사원
으로 발전한 엔랴쿠지의 위세가 강하게 드리운 곳이었다.
마쓰가사키松ヶ崎, 이치조지一乘寺(일승사), 슈가쿠인修学院
(수학원)도 모두 마찬가지이다. 야세八瀬 마을의 주민들은

야세도지八瀬童子라고 불리며 엔랴쿠지에 종속되는 한편 조정의 의식 등에 불려와 가마駕輿를 메는 임무를 맡았다. 어쩐지 오토기조시御伽草子(14세기부터 16세기에 걸쳐 쓰인 300여 편의 단편소설-역주)에 등장하는 도깨비 슈텐도지酒呑童子가 떠오르는데, 이 마을 사람들도 자신들을 도깨비의 자손이라 칭하며 자랑스럽게 여겼다고 한다. 실제 도지童子는 승병을 모시고 잡역에 종사하는 예속민의 신분이었다. 오하라大原까지 들어가면 한층 산기슭에 가까워지면서 불토의

오조고쿠라쿠인에는 망부의 극락왕생을 비는 미망인의 깊은 명상이 깃들어 있다.

분위기가 짙어진다. 히에이산뿐 아니라 구라마鞍馬, 기부네貴船, 하나세花背에 걸친 이 부근은 신심 깊은 왕조인들이 동경을 품고 바라보던 곳으로, 주변에는 왕조 시대에 미륵보살이 다시 올 날을 기다리며 만든 경총도 많다.

이런 낙북 안에서도 오하라의 산젠인三千院(삼천원)은 조간 연간(859~877) 쇼운承雲이 히에이산 남쪽 골짜기에 창건한 별원이다. 오토쿠 3년(1086) 오하라로 옮긴 이후에도 여러 번 사지가 바뀌었지만 오닌의 난 이후 다시 이곳으로 돌아왔다고 한다. 높은 돌담에 둘러싸인 모습은 산중의 요새를 연상시킨다. 교토의 천태종 문적 사원인 묘호인妙法院(묘법원), 쇼렌인青蓮院(청련원), 만슈인曼殊院(만수원), 짓소인實相院(실상원)에서도 볼 수 있는 그 모습은 어쩐지 승병들의 성채를 떠올리게 한다. 산젠인의 매력은 경내에 있는 오조고쿠라쿠인往生極楽院(왕생극락원) 본당이다. 산젠인 본당에서 정원을 사이에 두고 삼나무 숲 사이로 고즈넉하게 자리한 오조고쿠라쿠인은 널 지붕을 얹은 정면 3칸, 측면 4칸의 단층 팔작지붕 양식으로 지어진 고색창연한 기품이 느껴지는 불당이다. 당내에 들어서면 배를 뒤집어놓은 듯한 아치형 천장이 먼저 눈에 들어오지만, 그 아래에 본존인 장륙 아미타여래상과 좌우 협시보살의 좌상이 자개 문양을 아로새긴 낮은 수미단 위에 안치되어 있다.

삼존불은 내영인을 맺고 있으며, 오른편의 관음보살은 연화좌를 받쳐 들고, 왼편의 세지보살은 합장을 하고 있다. 그야말로 내영상來迎相의 동動에서 정靜으로 나아가는 순간을 포착한 듯한 작품이다. 세지보살상의 태내에서 발견된 문서에 따르면 규안 4년(1148)에 만들어진 것으로 알려졌다. 나는 늘 이곳에서 우지 시라카와의 금색원 고불을 떠올린다. 곤지키인의 아미타여래 고불은 입상이지만, 그 옆을 지키는 관음보살은 한쪽 다리를 세운 모습이고, 오조고쿠라쿠인의 관음보살은 양 무릎을 모으고 앉아 있다. 아마도 연대가 그리 멀지는 않을 것이다. 하나같이 개인의 구제를 빌었던 왕조 귀족들의 마음이 훤히 보이는 듯하다. 사회적 불안 속에서 말법末法의 공포가 커질수록 정토를 향한 흔구는 더욱 강해졌을 것이다. 본래 이 극락원의 주인은 겐신源信 대사의 출가한 누이 안뇨니安養尼였다고 전해졌으나 오늘날에는 후지와라노 사네히라의 미망인 신뇨보니真如房尼가 건립한 것으로 알려졌다. 그러고 보니 당내에는 여성적인 아름다움이 깃들어 있다. 그게 간신히 남아 있는 기둥이나 중인방의 채색 때문만은 아닐 것이다.

오하라 자체가 하나의 정토 세계라는 것은 산젠인에서 조금 더 올라가면 나오는 라이고인来迎院(내영원)에서 더욱 깊이 느낄 수 있다. 이 일대는 교산魚山이라고 불리는 천태성명大原声明(일본 불교음악의 한 파-역주)의 발원지로 계곡 이름도 성명의 곡명을 따 료센呂川 혹은 리쓰센律川 등으로 불린다. 지카쿠慈覚 대사가 창건하고 가호 원년(1094) 융통염불로 알려진 료닌良忍이 부흥시켰다고 한다. 본당 뒤쪽에는 료닌의 사당이 있다. 쇼린인勝林院(승림원)의 아미타당도 가깝다. 이렇게 극락과 내영이 한데 모인 정토 세계가 깊은 산중에 있는 것은 천태종이 얼마나 널리 퍼져 있었는지를 말해주는 듯하다. 산젠인 서쪽 약 1km 거리에 고시라카와 천황의 오하라 행차로 유명한 잣코인寂光院(적광원)이 있는 것도 마찬가지이다. 이곳 또한 적광토寂光土를 떠오르게 하는 암자였을 것이다.

우리가 우지와 오하라에서 느낀 정토교의 인상은 실은 교토를 감싸고 있는 종교적 분위기의 한 초점이라고 할 수 있다. 교토에는 이런 사찰들이 많다. 젠린지禅林寺(선림사)에 소장된 야마고에아미타도山越阿弥陀図와 지온인知恩院(지은원)의 아미타25보살내영도 등의 명작으로만 알려진 것이 아니라 당시 행해졌던 무카에코迎講(영강)라고 하는 아미타여래의 내영인접 모습을 연출한 가장 행렬도 매년 10월 야마우치山内의 소쿠조인即成院(즉성원)에서 재현되고 있다. 이런 정토교와 새롭게 등장한 선종이 오늘날 교토의 종교적 분위기를 형성하는 타원의 두 초점이다.

오하라에서 돌아올 때는 조금 돌아가더라도 이와쿠라岩倉에 들러보면 좋다. 히에이산 열차의 다카라이케역에서 구라마선으로 갈아탄다. 이 부근에 오노小野라는 마을이 있는데 예부터 설경이 유명한 곳이다. 지금도 이곳에서부터 북쪽으로는 눈이 많이 온다. 열차는 미야케하치만구행과 이와쿠라행 열차가 있다. 교토 사람들은 이와쿠라행을 그리 좋아하지 않는다. 아마도 도쿄의 마쓰자와행처럼 이와쿠라에 정신병원이 있기 때문일 것이다. 그런 이유에서인지 이와쿠라는 크게 알려지지 않았다. 이와쿠라는 하나의 큰 정신병원이 있는 것이 아니라 서너 곳 이상의 병원들이 모여 있는 지역이었다.

어느 늦가을 나는 학생들과 함께 이와쿠라의 짓소인을

방문했다. 이번 역사 산책의 목적지는 온조지園城寺(원성사)의 말사이자 문적 사원으로 교호 5년(1720) 히가시야마 천황의 황후 소슈몬인承秋門院의 구舊전각을 이축하면서 근세 교토의 가노파派 화가들의 후스마에를 볼 수 있는 다이운지大雲寺(대운사)이다. 예부터 이와쿠라의 관음으로 유명했던 이 절은 덴로쿠 2년(971) 승려 신가쿠眞覺가 창건했다. 에이간 3년(985) 레이제이 천황의 황후인 쇼시 내친왕이 관음원觀音院을 지어 육관음을 안치하고 승정 요케이余

마주 보이는 다이운지의 지붕. 역사와 현대, 종교와 과학의 대조 이상을 보여준다.

慶가 머물면서 크게 융성했다. 황후는 이곳에서 레이제이 천황이 앓는 정신병의 쾌유를 빌었다고 한다. 그 후 중세 다이운지의 여러 숙방들은 각지에서 모여든 정신병을 앓는 신도들의 휴양소로 번성했다. 특히 귀족 사회는 영달을 위한 경쟁이 치열했던 만큼 바라는 바를 이루지 못하면 정신까지 놓아버리는 사람도 적지 않았을 테고, 근친혼이 부른 비참한 결과로 비슷한 병을 얻는 사람들이 있었을 것이다.

이와쿠라의 관음은 그런 사람들의 신앙의 대상이었다. 근세에도 이하라 사이카쿠의 장편소설 『호색일대녀 好色一代女』 속 파란만장한 삶을 살다 비구니가 되어 교토로 돌아온 주인공이 후세에 대한 소망을 품고 '도성의 정토'라 불리던 이와쿠라의 다이운지를 찾아와 오백나한상을 보고 과거의 남자들을 떠올리며 인생의 무상함을 깨닫는다. 경내를 안내하던 집사는 이 소설에서도 예부터 다이운지가 지닌 특별한 신앙의 흔적을 읽을 수 있다고 설명했다. 그러고 보면 이와쿠라를 주인공의 마지막 무대로 삼은 사이카쿠의 독특한 취향이 드러나는 듯하다. 어쨌든 지금도 다이운지로 가는 길에는 정신병원의 병동들이 늘어서 있다. 얼핏 보기에도 옛 숙방이 병동으로 바뀐 듯한 모습이다. 과연 여섯 곳의 숙방 중 네 곳이 병원으로 바뀌었다고 한다.

지금도 다이운지에서는 꼭 닫힌 본당 안에 숨도 못 쉴 정도로 연기를 가득 피우는 '오쿠스베御燻会' 법회가 열린다. 연기로 몸을 씻는다는 뜻에서 연욕煙浴이라고도 불렀다. 그리고 법사라고 불리는 스무 집의 주민들이 긴 궤짝에 연기를 채운 후 어소로 가져가서 사기邪氣를 물리쳤다고 한다. 그 유래는 아마도 신도의 영혼에 썰 잡귀를 쫓기 위해 장작을 태워 연기를 쬐는 주술이었을 것이다. 그런 법회가 열리는 불당 앞에 근대적 설비를 자랑하는 콘크리트 병동이 서 있는 것은 그야말로 기이한 대조가 아닐 수 없다. 특히 밖에서도 훤히 보이는 창문 안쪽의 쇠창살은 참으로 안타까운 광경이다. 왕조 시대와는 다르지만 현대도 역시 과학의 발달이 인간의 연약한 정신을 압도해 많은 정신이상자들을 이곳으로 보내고 있진 않을까. '오쿠스베'와 쇠창살은 결코 융합될 수 없는 고대와 근대의 대조이다. 고대와 근대의 자연스러운 융합이 교토가 지닌 매력이지만, 이곳에서는 완전히 대립된 불합의 모습으로 나타나고 말았다. 그것은 교토적 대조로서 교토적 습합褶合은 이루지 못했다. 과연 저 쇠창살 안에서 얼마나 많은 사람들이 해방될 것이며, 전기 충격으로 얼마나 많은 사람들이 정신을 되찾을 수 있을지 근대 의학에 대한 불안에 사로잡힌다. 나는 역사 산책의 마지막 여정에서 왕조 이래 변함없는 현대의 그늘도 보게 되었다. 그리고 쇠창살이 없는 왕조 시대의 숙방이나 전기 충격 없이 마음의 평안을 얻는 종교적 구원에 대해서도 적이 매력을 느꼈다.

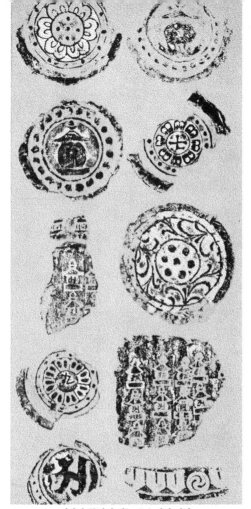

저마다 특징이 있는 호쇼지의 기와

제6장
교토 안의 천도
─남북의 시라카와 ─

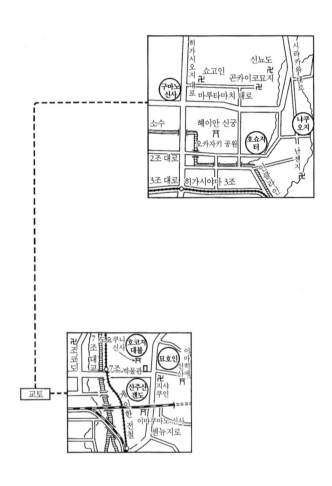

히가시오지 대로
쇼고인
신뇨도
곤카이코묘지
구마노 신사
마루타마치 대로
시라카와 대로
소수
헤이안 신궁
오카자키 공원
호쇼지 터
나쿠오지
난젠지
2조 대로
3조 대로
히가시야마 3조
인클라인

니조코도
7조 대교
도요쿠니 신사
호코지 대불
7조·박물관
묘호인
이마신히사에
산주산겐도
지샤쿠인
이마쿠마노신사
한 전철
센뉴지로

교토

교·시라카와

교토에는 시라카와白川 촌락의 시라카와메白川女, 야세가도八瀬街道의 오하라메大原女, 슈잔가도周山街道의 하타케노오바畑の姥라고 불리는 우메가하타梅ヶ畑의 여자 상인들이 있었다. 지금은 자취를 감추었지만 예부터 궁중에 은어를 진상했다는 가쓰라메桂女부터 가미가모에서 오는 순무 절임 장수까지 근교에서 행상을 다니는 여자들이 많았다. 감색 무명 각반과 토시를 차고 세 폭 앞치마를 걸친 차

'시라카와의 강물보다 찬 밤비에 베개를 적시며 가을은 온다.' 요시이 이사무吉井勇.

림새는 저마다 조금씩 다른 특징을 지니고 있었다. 과연 언제부터 이 여자들이 교토에 행상을 다니게 되었을까.

시라카와의 촌락에서 꽃을 팔러 오는 시라카와메는 왕조 시대 미요시 기요쓰라의 소개로 궁궐에 꽃을 진상했다고 한다. 교토에 땔나무 등을 팔러 오는 오하라메는 겐레이몬인建礼門院을 측근에서 모셨던 아와노나이시阿波内侍가 나무를 하던 복장을 본떴다고 한다. 예나 지금이나 왕조 여인들의 비화는 사람들의 마음을 끌었던 것 같다. 머리에 보따리를 이고 사다리나 발판을 얹어 행상을 다니는 하타케노오바는 조큐의 변(1221) 당시 우메가하타에 은신한 공가公家들을 위해 마을 사람들이 몰래 보따리에 쌀을 담아 가져왔던 것이 기원이라고 전해진다. 기원 전설이라는 것은 일단 믿지 않는 편이 무난하지만, 대체로 고대 말기부터 중세 초기에 걸친 시대는 무조건 부정할 수 없는 이유가 있다. 이 변혁기에는 근교 촌락의 여자들도 행상을 나설 용기를 얻었는지도 모른다. 물론 처음에는 어소나 공가에 생산물을 공납하는 것이었지만, 중세가 되자 교토 시내에도 큰 변화가 있었다.

고대 말기 교토는 '헤이안쿄'라는 낯선 정치의 도시에서

민중과 가까운 상업의 '도시'로 변모하기 시작했다. 교토 동쪽의 무로마치와 니시노토인西洞院을 잇는 남북 도로에 '마치町'라는 이름이 붙더니 길 양쪽에 들어선 상점들이 활기를 띠기 시작했다. 마치는 본래 '마미치間道' 즉 사잇길을 뜻하는 말이다. 고대의 조방제와 달리 사잇길이라는 말뜻 그대로 도로를 사이에 끼고 마주 보는 두 구획으로 구성된 새로운 마치가 생겨났다. 이 마치의 소로와 동서대로가 교차하는 지점을 중심으로 상점이 들어섰는데 특히 4조마치, 7조마치가 번성하며 상업의 중심지가 되었다.

『대덕사문서大德寺文書』에는 규안 6년(1150)의 지권地券(땅문서)에 이미 4조마치의 '기리카와노자타나切革坐棚'라는 가죽 상점이 나온다. 이렇게 도성에서 마치로 바뀌는 과정을 생각하면 궁중의 수라를 맡았던 사람들이 어패류의 판매 특권을 얻었듯이 근교 농촌의 공사公事(조정에 대한 봉사 및 조세-역주)를 맡았던 사람들이 행상으로 변화했다고 볼수 있다. 그 변화가 가장 활발해진 것이 중세 말부터 근세에 걸친 시기였던 만큼 기원 전설의 연대가 완전히 황당무계한 것만은 아니다. 이런 행상들 중에서도 시라카와메는 교토와 가장 가까웠던 만큼 더욱 친근하다. 사다리나 발판을 인 하타케노오바는 교토에서도 좀처럼 보기 힘들었지만 꽃을 파는 시라카와메는 1일, 15일의 축제일 아침이면 반드시 마을을 찾아왔다.

시라카와白川의 강물은 오미 지방과의 경계에 있는 야마나카무라山中村에서 발원해 교토 분지로 흘러들어와 지금은 가모강 동쪽 산세를 따라 조용히 흐르고 있다. 시라카와라는 지명은 강물의 흐름을 따라 그 유역 전체를 가리킨다. 그중에서도 3조 북쪽에서 일부가 가모강으로 유입되기까지의 일대를 기타시라카와北白川, 그보다 앞서 남쪽으로 흐르는 유역을 미나미시라카와南白川라고도 칭했다. 하지만 지명으로서는 원류에 가까운 시라카와무라白川村를 기타시라카와로 부르고, 시라카와는 시라카와白河라고 쓰고 지금의 오카자키岡崎 일대를 가리키게 되었다. 시라카와에는 후지와라노 요리미치의 별장이 있었다. '덴구天狗(깊은 산속에 산다는 요괴의 일종-역주)의 거처'라는 소문도 있었지만 울창한 숲과 시라카와의 맑은 강물을 발견한 귀족들이 앞다투어 별장이나 사사寺社를 세운 것도 무리는 아니었다. 번잡한 교토 시내를 피해 시라카와로 이주하는 사람들도 생겼다.

결정적으로 시라카와의 지위가 높아진 것은 시라카와 천황 때 시작된 원정院政(상황上皇 혹은 법황法皇이 국정을 행하는 정치 형태-역주) 정권의 원청院庁을 시라카와에 두었기 때문이다. 그리고 그 일대에는 호쇼지法勝寺(법승사)를 시작으로 로쿠쇼지六勝寺(육승사) 등의 많은 사찰이 세워졌다. 아마도 당시의 사람들은 상업도시의 발달과 함께 정치도시는 시라카와로 옮겨갔다고 생각했을 것이다. 교·시라카와京白河라고 칭하게 된 것을 봐도 알 수 있다.

호쇼지

시라카와 지역이 급부상한 원정院政 시대에는 문화의 모든 면에서 뚜렷한 현상이 나타난다. 그 하나가 거대한 토목 사업의 수행이다. 이를테면 시라카와 천황의 칙원으로 창건된 호쇼지法勝寺(법승사)를 시작으로 로쿠쇼지 그리고 원정 정권의 어소였던 도바鳥羽 이궁의 건립 등이다. 하지만 대부분의 유적이 소실된 탓에 미술사 연구도 되지 못할뿐더러 자칫 문화사적 의의마저 경시되기 일쑤였다.

이 원정 시대를 대표하는 호쇼지는 원정 이전 시라카와

천황의 칙원으로 조랴쿠 원년(1077) 12월 18일에 창건되었
다. 이미 우다 천황이 세운 닌나지와 그 일대에 건립된 시
엔지四円寺(사원사)로 총칭되는 사찰들처럼 이후 고노에 천
황에 이르는 5대 천황과 다이켄몬인侍賢門院이 창건한 로
쿠쇼지의 기원이 되었다는 점에서도 주목할 만한 업적이
었다. 하지만 여기서 특히 주목해야 할 것은 과연 이 절
이 구현하려던 것이 무엇인가라는 점이다. 먼저, 호쇼지
의 규모는 2조 대로를 강 동쪽까지 연장한 정면에 서대문

호쇼지 유적의 남쪽은 시립 동물원이 되었지만 미군의 징발로 탑지는 파괴
되었다.

을 세우고 시라카와 사이에 사방 2정 면적에 남면해 지어졌다. 헤이안 시대의 역사서『부상략기扶桑略記』를 통해 그 모습을 살펴보면 금당은 기와지붕을 얹은 4면 7칸으로 조성해 3장 2척의 금동 비로자나여래상 1구와 다른 불상들을 안치했으며, 강당도 비슷한 규모로 2장 높이의 석가여래상 1구와 그 밖의 불상을 안치했다. 아미타당은 기와지붕을 얹은 4면 11칸 규모로 6장 높이의 금동 아미타여래상 9구와 그 밖의 불상을 안치했다고 한다. 오대당은 기와지붕을 얹은 4면 5칸, 법화당은 기와지붕을 얹은 4면 1칸으로 조성되었다. 참고로 남대문은 4면 5칸, 2층에는 기와지붕을 얹은 누각이 있고 2장 높이의 금강역사를 안치해 절문을 지키고 그 밖의 대문, 회랑, 종당, 경당, 승방 등을 포함한 장대한 규모였다고 한다. 호쇼지가 이렇게 큰 사찰이었다는 사실이 놀랍기만 하다. 후에 탑이 완성되어 남대문, 탑, 금당, 강당이 남북으로 일직선상에 늘어선 모습은 약간의 변화가 있기는 하지만, 그 정신은 아스카 시대 시텐노지四天王寺(사천왕사)식 가람 배치를 계승했다는 것을 알 수 있다. 탑 주위에 연못을 두르고, 금당에는 익랑을 만들어 종각과 경당을 연결하는 등의 세부적인 변화를 지적하기도 하지만, 그 기본은 분명 시텐노지를 따르고 있다. 그뿐만이 아니다. 금당의 본존인 비로자나여래상도 덴표 시대 도다이지의 대불을 연상시킨다. 전체적으로 후지와라 귀족 개인의 섬세한 감각과는 다른 국가적인 강대한 의식이 느껴진다. 가마쿠라 초기의 사론서 『우관초愚管抄』에서도 '국왕의 씨사氏寺'라는 표현이 있는 것을 보면 충분히 짐작할 수 있다. 물론 경내에는 아미타당阿彌陀堂도 있고 기존의 정토 신앙을 계승하고는 있지만, 기본적으로는 전 시대의 종교 경향에 대한 반성적 요소가 나타나는 것도 부정할 수 없다. 후지와라노 미치나가가 세운 호조지法成寺(법성사)와 비교하면 그는 사찰의 중심 건물인 금당보다 아미타당을 먼저 건립하고 거기에서 생을 마쳤다. 하지만 시라카와 천황의 호쇼지는 본존 비로자나여래상을 안치한 금당이 사찰의 중심에 있으며, 아미타당은 서남쪽 구석에 세운 부속 건물일 뿐이었다.

더욱 흥미로운 점은 금당의 동북쪽 구석에 얼마간 남아 있던 후지와라 씨의 옛 별장 유적이 사찰 부지가 되었다는 것이다. 공양 당일 천황의 어좌소가 차려진 장소는 '본래 좌대신 일족의 조전釣殿(연못 가까이에 지은 정자-역주)을 허물지 않고 새로운 장식만 더했다'는 기록에서도 보이듯 구(舊)별장의 조전을 그대로 이용했다. 앞서 지적한 것처럼 국가적 의식이 담겨 있는 사찰이기 때문에 더욱 석연치 않은 느낌이었다. 거대한 금당과 강당의 지붕 그늘 아래에 귀족들의 침전조 양식 일부가 눈에 띄는 이유는 과연 무엇일까. 나는 거기에서 새로운 것과 오래된 것, 서로 모순되는 것들의 공존을 발견했다. 하지만 그런 경우에도 오래된 것은 타협이라는 형태로 남게 되는 지점에 원정 시대의 의의가 있었다.

이렇게 창건된 호쇼지는 에이호 3년(1083) 10월 탑이 세워졌다. 오에노 마사후사가 기초한 공양 주원문(呪願文)에 따르면, 금당 남쪽의 연못 중심에 8각 9중의 탑을 쌓고 각 방향마다 중존(中尊)을 안치했다. 여기서 주목해야 할 것은 8각 9중의 형태이다. 예부터 8각탑, 9중탑은 종종 있었지만 8각 9중의 대탑은 전무후무한 기획이었다. 당시의 높이에 대한 기록은 남아 있지 않지만 남북조 시대에 재건된 탑은 기록에 의해 27장(약 82m)이었던 것으로 추정되기 때문에 그보다 밑돌지는 않았을 것이다. 동쪽에서 오사카(逢坂)산을 넘어 교토로 들어오는 사람들이 먼저 눈을 크게 뜨는 것은 이 대탑의 높이와 기발한 디자인이었을 것이다. 그것은 호쇼지만의 것이라기보다 시라카와 천황에 의해 시작된 원정 정권의 상징이 되었다.

내게는 앞에서 본 오래된 것과 새로운 것의 공존인 동시에 이 거대하고 기발한 설계 속에 원정 정권의 성격과 특징이 구현되어 있는 듯 보였다. 말하자면 섭관 정치의 바탕이 된 장원의 급속한 발달로 각 지방 관청의 수입이 줄자 수령이라고 불리는 지방관들을 중심으로 황족의 미나모토源라는 성씨를 하사받고 신적臣籍이 강하된 왕당파들을 앞세워 먼저 후지와라 씨와 관련이 적은 고산조 천황 밑에서 적극적인 장원 정리에 나섰다. 하지만 섭관가의 반발과 천황의 병환 등으로 좌절되면서 결국 율령제와 섭관제에 얽매이지 않는 새롭고 자유로운 권력 기구로서 등장한 것이 원정 정권으로 그 중심인물이 바로 시라카와 천황인 것이다.

장원 정리를 명분으로 내세우다 보니 각 지방의 지방 관청과 장원 간의 분쟁이 급속히 증가했다. 그 결과 장원 영주의 중요한 세력 중 하나인 사찰, 특히 나라의 고후쿠지興福寺(흥복사)와 히에이산의 엔랴쿠지 등의 원정에 대한 항의가 표면화되었다. 나라 법사, 야마 법사 등으로 불렸던 승병들의 강소가 이어졌다. 원정 정권으로서는 이 승병들의 무력에 맞설 필요가 있었다. 게다가 이때는 장원이라는 영유 형태를 부정한다 해도 지방에서 성장한 강력한 부호층과 어떤 식으로든 담판을 짓지 않으면 소기의 목적을 달성할 수 없었다. 원정 정권으로서는 무사단이라는 버팀목이 필요했다. 그리하여 원정 정권은 왕당파의 부활, 수령층의 진출, 무사단의 지원이라는 세 가지 요소를 필수

호쇼지 복원도. 사찰 터에 동물원이 들어서면서 탑의 기단은 소실되었지만 2조 대로에 인접한 금당 터는 지금도 당시의 흔적을 찾아볼 수 있다. 후쿠야마 토시오福山敏男 박사의 복원도 참조.

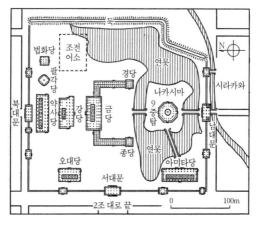

조건으로 성립했다. 따라서 그 안에는 율령 국가적 의식을 재현할 요소와 함께 중세적 무가 사회로의 전망도 품고 있었다.

호쇼지는 이런 원정 문화의 정점을 보여주는 곳이었다. 그 거대하고 기발한 디자인은 원정이라는 권력에 매료된 지방 호족들의 마음을 반영하는 것이 아닐까. 하지만 그와 정반대로 『곤자쿠모노가타리今昔物語』나 『우지슈이모노가타리宇治拾遺物語』로 대표되는 설화 문학, 회화로는 『겐지모노가타리에마키源氏物語絵巻』나 『시기산엔기에마키信貴山縁起絵巻』로 대표되는 두루마리 그림이 존재했다. 앞의 두 두루마리 그림은 설화나 기원, 전설의 공간적 관계를 묘사한 것과 시간의 추이를 묘사했다는 차이가 있으며, 각각 정적이고 농후한 부채傳彩와 동적이고 경묘한 묘선이 대조적인 작품인데, 이들이 발전적 관계가 아니라 한 시대에 공존했다는 것이야말로 원정 시대의 한 가지 특징이다.

하지만 그 경우에도 원정 시대를 대표하는 작품은 역시 장대長大한 화면에 자유로운 묘사가 돋보이는 『시기산엔기에마키』라는 것은 두말할 나위도 없다. 이 두루마리 그림의 제1권에는 '게스토쿠닌げす徳人'이라는 야마자키山崎

지방의 하치 부자의 생활이 그려지고, 제2권에는 궁정이 등장하는데 주인공 묘렌命蓮이 천황의 부름에도 '교토에는 가지 않겠다'고 거절하거나 후에 천황이 하사하는 승위와 장원을 거절하며 '장원을 갖고 관리인을 부리면 부처가 벌을 내린다'는 식의 교토를 거부하는 태도가 드러난다. 거기에는 지방 생활을 강하게 주장하는 전승자의 태도가 담겨 있다. 이어지는 제3권에는 비구니의 여정을 따라 변하는 지방 생활의 구체적인 모습을 그렸다. 거기에는 원정 문화의 특성인 호쇼지의 조형에서는 찾아볼 수 없는 일면이 담겨 있다. 소위 '게스げす(천민)'라고 불린 민중의 생활상과 지방에 대한 관심이다. '게스토쿠닌'은 장원의 농업 생산력이 발전하면서 자신의 토지를 소유한 묘슈名主들이 독립하게 된 사회에서 부를 쌓은 묘슈의 모습을 그렸다.

이 야마자키라는 지방은 교토로 들어가는 입구에 해당하는 항구였던 만큼 그는 해마다 바치는 공물을 보관하는 창고를 가진 상인이었을 것이다. 또 그림 속의 다쓰키立木(압착기), 솥, 정당석正當石 등을 보아 기름을 짜는 부자라는 말도 있다. 천대받던 상업 활동을 통해 부자가 된 묘슈들이 있었기 때문에 수령층과 무사단이 진출할 수 있었다.

그리고 어떤 의미에서는 이 두루마리 그림과 동시에 거론되는『반다이나곤에고토바伴大納言絵詞』의 주제는 조간 8년(866) 섭관 정치 성립 과정에 일어난 이른바 응천문応天門의 변으로, 첫머리부터 율령제 정부의 정문이 방화로 소실되는 장면이 그려진다. 물론 그 소재는『시기산엔기에마키』와 같이『우지슈이모노가타리』에서 가져왔다. 설화를 시각화하기에 알맞은 다른 소재가 충분했을 텐데도 율령 정부로서는 불길한 주제를 택했다는 점에 마음이 끌린다. 거기에는 민중과 지방에 대한 자각이 드러난다. 그리고 이런 감각은 교토에도 매우 중요한 전기가 다가왔음을 보여준다. 이 두 작품이 탄생한 시기에 이미 교토는 호겐·헤이지의 난이라는 최초의 시가전을 경험했다. 그 후 지쇼·주에이의 난을 거쳐 조큐의 변에 이르기까지 왕조 시대의 교토에는 불길한 반세기가 찾아왔다.

산주산겐도

도바鳥羽에 세워진 시라카와 천황의 이궁은 도바 천황 때에는 원정 정권의 정청政庁이 되었다. 도바는 가모강이

9조를 지나 서쪽으로 흐르다 마침내 가쓰라강과 만나 요도강으로 흘러들어가는 지점에 발달한 교토의 항구로 지대가 낮고 습해서 개발이 뒤처졌다. 하지만 도바 수각水閣이라는 이름 그대로 풍부한 물을 활용한 연못 정원을 만들었다. 헤이안 후기의 역사소설『에이가모노가타리榮花物語』무라사키노紫野에도 '10정 남짓한 대지에 창해를 옮겨놓은 듯한 연못을 만들고 배를 띄웠다'는 대목이 나온다. 이 같은 도바 이궁에 대한 묘사가 나온 것은 대단히 놀라웠다. 여기에도 거대함과 기발함이 뒤섞여 있다. 도바 이궁이 세워지면서 공가의 저택들도 함께 옮겨와 천도와 다를 바 없다는 비판이 일었을 정도였다. 원정 시대에 교토라는 오랜 수도는 동쪽에서 남쪽으로 옮겨온 것이었다. 현재 남아 있는 유적은 동전東殿에 있던 안라쿠주인安楽寿院(안락수원)뿐이다. 호엔 3년(1137)에 건립되었으며, 지금은 소실되고 없는 5중 다보탑을 세워 본어탑本御塔이라 칭하고 이어서 황후 비후쿠몬인美福門院을 위한 다보탑도 세웠지만 현재 본어탑 자리에는 도바 천황의 능이 조성되었으며, 도요토미 히데요리가 재건한 신어탑新御塔에는 고노에 천황의 능이 있다. 시내 같지 않은 전원의 풍경이 남아 있는 조용하고 차분한 주변 환경과 흰 토담 너머로 보이는 다보탑의 풍경이 무척 아름답다. 옛 모습은커녕 그 터조차 동물원이며 미술관 혹은 교토회관 등으로 변모한 시라카와 로쿠쇼지 일대에 비해 회구의 정을 불러일으키는 요소가 남아 있다는 것도 반가운 일이다.

조난구城南宮(성남궁) 부근에는 도바 남전南殿과 북전北殿의 어소가 있고 소콘고인證金剛院(증금강원), 조보다이인成菩提院(성보제원), 곤고신인金剛心院(금강심원) 등의 불당이 다수

1,001구의 불상은 교토와 나라의 불상 조각가들이 한마음 한뜻으로 이루어 낸 성과다. 단케이湛慶의 작품도 있다.

건립되었지만 지금은 모두 소실되었다. 다만 가을 산이라고 불린 형태만 남은 쓰키야마築山(연못 정원 등에 인공적으로 만든 산-역주)가 옛 자취를 남기고 있다.

그렇다고 교토에서 원정 문화의 유산을 전혀 찾아볼 수 없는 것은 아니다. 가령 호쇼지의 아미타당 등은 교토부 소라쿠군 가모에 있는 조루리지浄瑠璃寺(정유리사) 본당과 그곳에 안치된 9구의 아미타여래상을 참고하면 좋다. 조루리지 본당은 가쇼 7년(1107) 건립되었다고 전해진다. 하지만 이런 아미타당의 실례는 이미 호쇼지에도 존재했듯이 여러 곳에서 찾아볼 수 있다.

정토는 많아도 아미타 정토야말로 최고의 정토,
구품이라면 하품하생도 있겠지.

헤이안 후기의 가요집 『료진히쇼梁塵秘抄』에도 나오듯 아미타당에는 상품상생부터 하품하생까지 9구의 아미타불상을 안치하고, 모든 불상에 기원하는 개인의 마음을 반영한 것이다. 조루리지는 9구 중 중존은 상품하생의 내영인을 맺고, 나머지는 모두 상품상생의 정인을 맺고 있다.

중존 아미타불의 내영을 기원하는 왕조인들의 심정이 그대로 느껴지는 듯하다. 9구 아미타당은 그런 개인적 감정의 소산이다. 하지만 앞서 이야기했듯 그것은 호쇼지가 특히 중시한 것도 아니고 반드시 이 시대를 대표한다고도 할 수 없다. 그리고 같은 정신을 담아 세운 9구 아미타당의 발전 형태와 유사한 1,000구 관음당이라는 구상이 있는데 여기에는 조금 다른 의도가 있다고 생각한다. 거기에는 9구의 아미타상에서 느꼈던 개인적 감정을 담아낼 여지가 없다. 오히려 다수라는 것에 의미가 있다는 점에서 백만편百万遍 염불과 같은 정신을 담고 있다. 조쇼 원년(1131) 3월 13일 도바 상황上皇에 의해 시라카와 천체관음당이 세워졌다. 도바 상황이 직접 와서 도쿠초주인得長寿院(득장수원)이라는 이름을 짓고 중앙에는 장륙관음상, 좌우에는 등신대의 성관음상 각 500구를 안치했다. 이것은 가쿠유覚猷가 도사導師(법회를 주재하는 승려-역주)를 맡고 비젠의 지방관 다이라노 다다모리가 조궁한 것으로 이를 계기로 다이라 씨는 영달의 길에 오른다. 물론 지금은 볼 수 없지만 그 구상은 교토시 렌게오인蓮華王院(연화왕원)의 본당 즉, 산주산겐도三十三間堂(삼십삼간당)와 완전히 같았다고 한다. 도바 상황 시대의 구상은 고시라카와 상황에 의해 그대로 계승되었다. 렌게오인을 세우기 전에도 헤이지 원년(1159) 2월 시라카와에 천체관음당을 조영했는데, 이는 호겐의 난 당시 스토쿠 천황의 진영으로 군사들이 어소를 불태운 자리에 다이라노 기요모리가 세운 것이다. 이어진 조간 2년(1164) 12월에 고시라카와 상황의 어소였던 호주지法住寺(법주사) 부근에 이번에도 다이라노 기요모리가 천수관음당을 세워 천수천안관음상 1,001구와 28부중을 안치했다. 이곳이 바로 렌게오인이다. 지금의 당우는 겐초 원년(1249)에 소실되었지만 바로 재건에 착수해 분에이 3년(1266) 공양식이 행해졌다. 본당은 창건 당시의 형태 그대로 단층 팔작지붕 양식에 혼카와라부키本瓦葺(평평하고 둥근 기와를 교차해서 인 지붕-역주) 지붕을 얹은 도리 35칸, 대들보 5칸의 장대한 평면 구조이다. 당내에 모신 본존 장륙천수관음과 등신대 크기의 천수관음 1,000구는 참배객들을 압도하기에 충분했다. 이 거대하고 기발한 디자인은 분명 호쇼지의 8각 9중탑 구상의 연장선상에서 있다고 볼 수 있을 만큼 전형적인 원정 문화의 표상이다.

시라카와에서는 이 시대의 유적을 찾아볼 수 없지만 시

라카와의 남쪽 산주산겐도 부근에는 원정 어소의 옛 이름 그대로 호주지릉으로 불리는 고시라카와 천황의 묘소가 있으며, 그 밖에도 옛 모습을 간직한 유적이 얼마간 남아 있다. 히가시야마 7조에서 다이코다이라太閤坦로 향하는 도로 남쪽의 이마히에新日吉 신사와 남쪽으로 더 가면 나오는 이마쿠마노新熊野 신사이다. 이들은 이마히에今比叡, 이마쿠마노今熊野라고도 쓰며 히에이산과 구마노 지방에서 교토로 옮겨왔다고 한다. 이마쿠마노 신사에는 천연기념물로 지정된 구마노 장목樟木의 노목이 오랜 역사를 지켜가고 있다. 이는 모두 고시라카와 천황이 원정을 펼쳤던 오호 연간(1161~1162)의 일이다. 지방에서 권청한 신사는 많지만 '이마新(새로운)'라는 문자를 붙인 것은 교토의 도시적 매력과 원정 정권이 지닌 국가적 권위의 결합을 보는 듯하다. 그 권위와 매력 앞에 히에 신사와 구마노 신사의 본사는 오래된 것으로 치부되었다. 이런 현실에 대한 강한 자신감이 이마요今樣와 같은 유행 가요를 탄생시켰던 것이 아닐까.

우리는 이렇게 히가시야마 7조를 중심으로 고시라카와 천황의 원정 시대를 돌이켜볼 수 있다. 동시에 이 지역은

도요토미 가와도 인연이 깊다. 도요토미 히데요시의 후
시미성의 유구를 간직한 도요쿠니豊国 신사, 대불과 '국가
안강'의 종으로 유명한 호코지方広寺(방광사) 그리고 모모야
마 시대의 후스마에가 남아 있는 지샤쿠인智積院(지적원) 등
이 있다. 고시라카와 천황과 도요토미 히데요시가 겹치는
것도 무언가 이상한 공통성이 느껴진다. 고시라카와 천황
시절의 문화를 돌아보면서 경제적 요소를 조금 더한다면
가모강 너머 6조 데라마치에 있는 조코도長講堂(장강당)에
들러보는 것도 좋다. 조코도는 고시라카와 상황이 출가해
세운 지불당持仏堂으로 법화장강 아미타삼매당法華長講 弥
陀三昧堂이라고 칭하며 지금도 법황의 초상화와 조각상이
남아 있다. 실은 이 조코도야말로 원정 정권하에서 축적
하고 고시라카와 원정이 이어받은 방대한 영지를 불분할
의 원칙을 고수하며 중세에 물려준 황실 경제의 기반이었
다. 그런 의미에서 고시라카와 원정의 정신을 가장 잘 보
여주는 곳인지도 모른다.

로쿠도노 쓰지의 염라대왕

제7장
로쿠도의 세계
―로쿠하라―

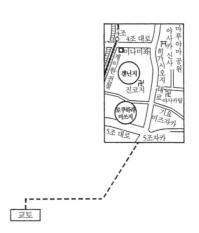

로쿠도상

　역사상 로쿠하라六波羅 정권 혹은 로쿠하라 탐제探題라
는 이름으로 널리 알려진 로쿠하라도 정확히 어느 지역에
해당하는지 교토에 살아도 잘 모르는 사람이 많다. 로쿠
하라는 융성한 시라카와의 남과 북 사이에 낀 가모강 동쪽
지역이다. 예부터 인생의 무상함을 말해주는 시민의 묘지
도리베노鳥辺野의 입구에 해당하며, 노소와 귀천을 가리지
않는 신앙의 대상이었던 기요미즈데라清水寺(청수사)의 관

지금도 고대 말기의 종교적 분위기를 유감없이 보여주는 로쿠하라미쓰지의
본당.

음도 가까운 곳으로 지금도 고대부터 중세에 걸친 교토의 분위기가 남아 있다.

교토 나카쿄中京의 시민들은 해마다 백중날이면 4조 다리 건너 야마토 대로를 남쪽으로 돌면 나오는 완만한 마쓰바라자카松原坂를 올라 로쿠도六道를 참배한다. 시영 철도 '기요미즈미치'역에서 내려 언덕을 내려가면 금방이지만, 길 양옆에 늘어선 기리코 등롱切子灯籠(다각형 틀에 여러 가지 장식을 한 등롱-역주)과 향나무 공물을 파는 노점상을 지나 정령을 맞이하는 종소리를 따라 느긋하게 마쓰바라자카를 올라가는 편이 더 즐겁다. 언덕 북쪽에 보이는 오래된 붉은 문 너머에 로쿠도상이라는 애칭으로도 불리는 진코지珍皇寺(진황사)가 있다. 진코지의 본당 앞을 로쿠도노쓰지六道の辻라고 부르며 저승을 오가는 길이라고 여겼다. 소중한 사람을 떠나보낸 교토 시민들은 천년의 세월 동안 매년 로쿠도를 참배하며 정령을 맞이했다. 문을 지나면 우측에 오노노 다카무라小野篁의 동상을 안치한 불당이 있다. 다카무라가 저승을 왕래한 곳이라고 전해진다. 경내는 근엄한 분위기의 선사나 문적 사원과 달리 흡사 지옥과 극락의 그림을 앞에 두고 풀어낸 듯한 분위기가 고스란히 남아 있는 서민적 세계이다. 절 서쪽에는 지금은 사가로 옮겨진 아타고넨부쓰지愛宕念仏寺(애탕염불사)라는 염불 삼매 사찰도 있었다. 이런 사찰들이 서민들의 영혼의 고향이 되었다. 이곳은 백중날 이외에는 완전히 잊혔다가 백중날이 되면 갑자기 사람들이 모인다.

무라마치 시대의 로쿠도 참배는 마을 사람들이 다 같이 참배하며 떠난 사람들을 추억하고, 함께 살아가는 사람들과 친분을 돈독히 하는 기회였다. 당시에는 훨씬 넓은 경내에서 사루가쿠猿楽와 같은 연희도 볼 수 있었다. 로쿠도상의 사루가쿠는 간제観世, 곤파루金春 등의 4대 극단이 보여주던 진지한 공연이 아니다. 성문사声聞師라는 천민적 계보를 잇는 예능인이 각종 잡예를 선보이는 연희였다. 백중날은 아니지만 호토쿠 2년(1450) 2월 제아미世阿弥가 세상을 떠난 후 7년여가 지났을 때 야나기하라柳原의 고이누라는 성문사가 로쿠도 진코지에서 권진勧進 사루가쿠를 선보였다. 고이누가 막 춤을 시작하려던 때 관령의 명을 받은 무인들에 의해 쫓겨나는 사건이 있었다. 아마도 간제, 곤파루의 두 극단에서 공연을 방해하기 위해 꾸민 일이었던 것으로 보인다. 어쨌든 로쿠도 진코지에서 이런

민중적인 예능이 흥행했던 것을 알 수 있다. 왕조 시대 이래 언덕이 많은 이 부근에는 사카노모노坂の者라고 불리던 천민들도 많이 살았다. 진코지는 그런 사람들을 포함한 민중적 신앙의 장이자 위안의 장소였다. 본당의 본존 약사여래좌상은 후지와라 시대의 수작으로 평가받지만, 백중날의 본당은 도저히 미술 작품의 관상과는 동떨어진 사람들의 열기로 가득하다. 본존의 미술사적 가치를 논하는 것조차 주저하게 되는 공기가 지배적이다. 이런 떠들썩한 분위기 속에서 하루를 보내는 것이 백중날이라는 휴일의 의미였을 것이다. 또 기원은 그리 오래지 않지만 백중날에 맞춰 기요미즈자카의 도기 상점들이 모이는 장이 섰다. 요즘은 도기 축제가 유명해지면서 로쿠도를 참배하고 돌아가는 사람들의 발길을 붙잡는 한편 도기 축제에 왔던 사람들이 로쿠도를 참배하는 풍경도 낯설지 않다. 로쿠도 참배를 하지 않아도 도기 시장에서 1년에 한 번씩 밥공기 등의 그릇을 새로 바꾸는 풍습은 앞으로도 계속될 것 같다. 교토 시민이라면 누구나 운 좋게 좋은 그릇을 찾으면 평소의 식사가 더욱 풍성해지리란 기대를 품고 이날을 기다린다.

한편 로쿠하라의 이름이 붙은 로쿠하라미쓰지六波羅蜜寺 (육바라밀사)는 진코지 서쪽 마쓰바라자카를 남쪽으로 돌아 가면 나오는 마을 중앙에 있다. 이 절과 로쿠도 진코지 그 리고 과거의 아타고 넨부쓰지가 이렇게 가까웠다는 것은 역시 고대 말기에 하나의 지역이었다는 것을 말해준다. 로쿠하라미쓰지는 후지와라 시대 초기인 오와 3년(963) 구 야空也 대사가 창건했다. 삼베옷에 짚신을 신고 사슴뿔 지 팡이를 짚은 구야 대사가 목탁을 두드리며 염불을 외는 소 리가 6구의 작은 아미타상으로 표현된 조각상으로 유명 하다. 구야는 '시성市聖'이라 불리며 민중들의 사랑을 받았 다. 그것은 추위와 더위도 마다 않고 사슴 가죽을 두른 채 민중들을 교화하여 마침내 혁당革堂을 창건한 교엔行円이 '혁성革聖'이라고 불렸던 것과 마찬가지였다.

그 안에 흐르는 민중성은 분명 로쿠도 세계의 산물이 다. 한때 화재로 소실되었지만 남북조 시대 조지 2년(1363) 으로 추정되는 시기에 재건되었다. 지금도 마을 한복판의 비좁은 경내에서도 당당한 모습으로 서 있다. 본당에는 창건 초기 후지와라 시대의 불상이 다수 전해진다. 본존 십일면관음입상, 사천왕입상, 지장당의 본존 지장보살입상 등이다. 그 밖에도 염마당에 안치된 가마쿠라 시대의 염라대왕 좌상이 관복을 걸치고 홀笏을 쥔 채 어깨를 잔뜩 추어올린 모습으로 앉아 있다. 염라대왕과 지장보살이 있다는 점도 이 절의 특수한 성격을 보여주는 듯하다.

로쿠도 참배가 사람들의 마음을 깊이 사로잡은 것은 겐신源信이 『왕생요집往生要集』을 통해 지옥, 아귀, 축생, 수라, 인간, 천상의 육도六道 세계를 설파하고 극락정토의 모습을 보여주었기 때문이다. 왕생극락을 강하게 혼구했기에 오히려 육도의 세계를 더욱 의식하게 된 것이라고도 할 수 있다. 『헤이케모노가타리平家物語』의 간조灌頂권 중 '로쿠도노사타六道之沙汰'의 단락에서는 오하라의 잣코인寂光院(적광원) 암자에 은거하던 겐레이몬인이 황후라는 천상도부터 파도 위와 배 안에서의 아귀도, 전쟁이 벌어지는 수라도를 지나 아비규환의 지옥도에 이르는 체험을 하게 묘사했다. 이 여원女院(원의 칭호를 받은 천황의 모후, 황후, 황녀 등의 존칭-역주)의 눈에는 이 세상이 고스란히 육도윤회의 장으로 구현된 것이었다. 로쿠도를 참배하는 사람들의 마음속에는 그만큼 강렬한 극락왕생에 대한 바람이 담겨 있었다.

기요모리상의 환상

로쿠하라미쓰지에는 불상 조각가 운케이運慶와 단케이湛慶의 유명한 초상 조각과 함께 한 승려의 좌상이 있는데 오늘날에는 그 조각상을 다이라노 기요모리상이라고 부른다. 과연 이 조각상은 로쿠하라의 지역성뿐 아니라 다이라노 기요모리다운 날카로운 안광을 발하고 있다. 가마쿠라 시대 사실적 조각의 걸작이다. 이 기요모리상은 우리를 지쇼(1180), 주에이(1185)의 시대로 이끈다.

다이라노 기요모리가 펼쳐보고 있는 두루마리는 과연 무엇이었을까. 소설일까 아니면 법화경일까.

다이라 씨는 다다모리忠盛 대에 원정 정권을 지지하는 버팀목이 되어 호겐(1156), 헤이지(1159)의 두 난을 극복했다. 다이라노 기요모리는 그 후 10년도 채 지나지 않은 닌난 2년(1167) 태정대신이 되었다. 일족들은 하나같이 높은 벼슬에 올라 공경公卿 16명, 당상관급의 전상인殿上人이 30여 명에 이르렀다. 다이라 씨 정권은 이 무렵에 수립되었다. 이들은 황실이나 벼슬한 집안 등과 인척 관계를 맺고 귀족 사회로 들어가는, 무가 정권으로서는 진부한 방식이었다. 그럼에도 무가의 기둥으로서 활력 넘치는 무사도 등장했을 것이다. 그 근거지가 바로 로쿠하라였다. 시라카와 남쪽 5조부터 7조에 걸쳐 동서 5정(약 550m), 남북 8정(약 870m)에 이르는 대지에 '5,200채'의 당우가 늘어선 구역을 형성했다.

로쿠라하를 선택한 이유는 이 지역이 미개척지였던 것이 가장 크지만 고시라카와 천황의 원청인 호주지와 인접해 있었던 만큼 정치적인 목적도 있었을 것이다. 조금 더 상상력을 더하면 로쿠도라는 서민들의 불토와 가까웠기 때문에 무가 정권에 대한 친밀감을 주기 위해서였는지도 모른다. 하지만 로쿠하라의 번영도 하룻밤의 꿈이었다.

이때부터 교토는 지쇼·주에이 내란의 소용돌이에 휩쓸려 바람 앞의 등불처럼 위태로웠다. 가모강 서쪽의 옛 교토는 이때 거의 멸망한다. 내란 전의 안겐 3년(1177) 4월 교토에서는 천도 이래 최초의 대화재가 발생했다. 『호조키』에 당시의 생생한 묘사가 담겨 있다.

지난 안겐 3년 4월 28일이었던가. 강풍이 좀처럼 가라앉지 않던 술시 무렵, 수도의 동남쪽에서 불이 시작돼 북서쪽 방향으로 번졌다. 급기야 주작문, 대극전, 대학료, 민부성民部省까지 불이 번져 하룻밤 새 잿더미가 되었다.

불이 시작된 것은 히구치토미樋口富의 소로라고 들었다. 병자들이 머물던 막사에서 처음 불이 났다고 한다. 사납게 휘몰아치는 바람을 타고 부채를 펼치듯 계속해서 불이 번졌다. 멀리 보이는 집들은 연기가 자욱하고 가까운 곳은 지면에 불길이 몰아쳤다. 재는 하늘로 치솟고 불길에 물든 하늘에는 바람을 못 이겨 잘려나간 화염이 공중을 날 듯 1, 2정이나 먼 곳까지 번져나갔다. 그야말로 생지옥이나 다름없었을 것이다. 어떤 이는 연기에 휩싸여 쓰러지고 어떤 이는 화염에 정신을 잃은 채 그대로 불타 죽었다. 어떤 이는 가재도구도 챙기지 못하고 맨몸으로 겨우 도망쳐 나와 재물은 모두 잿더미로 변했다. 그 피해가 과연 얼마나 될까. 그때 공경의 저택 16채가 불탔다. 하물며 다른 집들은 셀 수조차 없었다. 수도의 3분의 1이 소실되었다고 한다. 목숨을 잃은 사람이 수천 명에 이르고, 불타 죽은 소와 말은 셀 수도 없었다.

이 참혹한 광경은 헤이안쿄의 최후의 모습이기도 했다. 일본의 고전 작품 속에서 이토록 화재를 생생하게 묘사한 서술은 찾아보기 힘들다. 그만큼 이 대화재의 인상은 강렬했던 것이다. 게다가 후쿠하라福原 천도의 타격으로 헤이안쿄는 완전히 황폐해졌다.

'살 곳을 잃은 사람들의 생활은 나날이 피폐해졌다. 집은 산산조각이 나 요도강에 떠오르고 그 터는 밭으로 변했다. 민심은 각박해져 말과 안장만 중시했다'고 『호조키』는 전한다. 같은 해 겨울 도성은 다시 교토로 돌아갔지만 '무너진 집들은 어떻게 되었을까, 모두 복원되지는 않았다'고 하니 헤이안쿄는 예전의 모습을 되찾지 못했던 것이다.

다이라 씨가 세운 로쿠하라의 마을 역시 초토화되었지

만 가마쿠라에 막부가 수립되자 공교롭게도 그 터에 미나모토노 요리토모源賴朝의 저택이 세워지고 호조 도키마사北条時政, 이치조 요시야스一条能保, 히라가 도모마사平賀朝政 등의 유력자가 잇따라 교토의 슈고守護(치안과 경비를 담당하는 직책-역주)를 맡게 되었다. 조큐의 난 이후에는 남북의 로쿠하라 탐제探題(조정의 감시와 교토의 치안 유지를 담당하는 기관-역주)를 설치해 소막부小幕府에 대한 구상을 내비쳤다. 하지만 교토에 남긴 가마쿠라 막부의 족적은 지극히 미약했다. 그것은 교토가 체질적으로 가마쿠라 막부를 받아들이지 않았기 때문이라고 할 수 있다.

겐닌지

4조 대로에서 야마토 대로를 지나 로쿠도 진코지로 가는 길 중간 동쪽에 겐닌지建仁寺(건인사)의 문이 있다. 이 절은 겐닌 2년(1202) 에이사이榮西 선사가 세운 일본 최초의 선종 사찰이다. 야사카 신도新道에 남면한 흑문黒門은 천황의 칙사만 드나들 수 있는 칙사문으로 다이라노 시게모리平重盛의 로쿠하라 탐제의 문을 옮겨왔다는 전설이 있

다. 물론 전설일 뿐 무로마치 시대의 당 양식 사각문四脚門
이다. 그럼에도 이 전설이 우리의 마음을 끈다는 점에서
이 절의 지역적 성격이 느껴진다.

겐닌지 경내는 칙사문부터 방생 연못, 삼문, 불전, 방장
이 남북 일직선으로 늘어선 매우 정연한 가람 배치로 그
주위를 탑두 사원이 둘러싸고 있다. 교토의 많은 선종 사
찰에 공통적으로 나타나는 이 배치는 조용하고 차분한 분
위기보다는 엄숙하고 다가가기 힘든 느낌이 있다. 로쿠도

유흥가와 로쿠도노쓰지 사이에 있는 겐닌지. 한낮이면 아이들의 놀이터가
된다.

상을 참배하고 같은 향토색을 기대하며 이곳에 들렀다면 너무나 다른 인상을 받게 될 것이다. 그런 냉랭한 인상을 누그러뜨리는 데 이 절의 황폐화가 오히려 도움이 되고 있는 듯하다. 개방된 경내의 빈터에 아이들이 뛰어노는 모습은 어쩐지 흐뭇한 광경이다. 그럼에도 사람들은 교토의 선종 사찰을 가장 교토적인 장소로 생각한다. 특히 다실과 정원에 대한 찬사는 끊이지 않는다. 그런 사찰이 이질적인 느낌을 준다는 것이 어쩌면 이상하게 들릴지 모른다. 하지만 이 선사의 인상은 결코 교토라는 지역에 의해 규정되는 것이 아니라고 생각한다. 따라서 선사로 가는 길이나 주변의 자연환경에서 교토의 향토색이 느껴진다 해도 선사 자체는 교토에 한정된 존재가 아니다. 굳이 말하자면 가마쿠라의 성격을 띠고 있다는 편이 맞을 것이다. 때때로 나는 교토 5산五山(교토에 있는 선종의 5대 사찰-역주)의 범위가 가마쿠라의 관할지처럼 느껴진다. 그러면 겐닌지와 로쿠도의 세계는 매우 대조적으로 보인다. 하지만 그럼에도 겐닌지는 이 지역에 창건된 이래 깊이 뿌리를 내렸다.

에이사이는 처음 히에이산에서 천태 교학을 배운 후 닌

난 2년(1167)과 분지 3년(1187)에 송나라로 건너가 선종을 배우고 돌아와 포교 활동에 힘썼다. 당초 선종을 달가워하지 않던 히에이산 승려들의 압박에 대해서도『흥선호국론興禅護国論』을 저술해 적극적인 포교에 나서는 한편, 겐닌지 건립 당시에는 히에이산 승려들의 반대를 피하기 위해 엔랴쿠지의 말사를 자청하기도 했다. 막부의 지지를 얻은 에이사이는 가마쿠라에 주후쿠지寿福寺(수복사)를 세웠으며, 교토의 겐닌지도 가마쿠라 막부의 2대 쇼군 미나모토노 요리이에의 발원으로 창건했다. 어떻게 이처럼 교토 안에 이질적인 존재감을 가진 선종을 전파할 수 있었을까. 교토는 비록 가마쿠라의 무력과 정치력에 굴복했을지언정 사상과 문화 면에서는 그리 쉽게 감화될 리 없었다. 선종이 가마쿠라 막부의 힘으로 교토에 정착할 수 있었다면 그 이유는 에이사이가 늘 천태사문天台沙門을 칭하고 겐에이 원년(1206) 도다이지의 조겐重源이 세상을 떠난 후 도다이지 부흥에도 힘쓰는 등 원·밀·선·계円·密·禅·戒의 4종 겸학이라는 포용성이 있었기 때문이다. 일본 천태종과 불교의 부흥이라는 에이사이의 높은 이상이 교토의 정신과 조화를 이루었기 때문이 아닐까. 교토 안에서도, 겐닌지를 육도의 세계 가까이에 두어도 결코 모순은 아니었을 것이다. 오히려 오랜 종교 안에서 움트는 새로운 싹이라는 적극적인 의미를 품고 있었을 것이다.

또 에이사이가 가마쿠라 막부와 가까워진 것은 당시 이미 교토에 관심을 갖고 있던 쇼군 미나모토노 요리이에와 사네토모가 귀의한 것이지 호조 씨 일문에 고개를 숙인 것은 아니었다. 에이사이는 『끽다양생기喫茶養生記』를 저술하기도 했다. 일찍이 그 구상을 가지고 있었던 것으로 보이는데 겐랴쿠 원년(1211) 정월 초고본을 쓰고 겐포 2년(1214) 정월에 재고본을 완성해 이듬해 2월 4일 쇼군 사네토모에 헌상했다. 숙취로 고생하는 사네모토를 위해 차 한 잔을 권하면서 이 책의 '차의 덕을 칭송하는 장' 한 권을 바쳤다고 한다. 사네토모가 이렇게 과음을 한 것이 어쩌면 호조 일문의 압박을 견디다 못해 자폭 상태에 빠진 것이 아니었을까 생각하면 그 시절 에이사이가 권한 차 한 잔에 담긴 그의 마음 씀씀이가 느껴지는 듯하다. 이런 에이사이의 마음이 곧 교토인의 마음이었다.

겐닌지에는 모모야마 문화의 유산이 다수 남아 있다. 특히 료소쿠인両足院(양족원)의 후스마에 '동자도'와 '초산수

도'는 하세가와 토하쿠長谷川等伯, 젠쿄안禅居庵(선거암)의 후
스마에 '송죽매도'는 가이호 유쇼海北友松의 걸작으로 평가
되며, 그중에서도 다와라야 소타쓰의 '풍신뇌신도' 병풍은
교토가 세계에 자랑하는 작품이다.

나무 밑에서 좌선하는 묘에 상인

제8장
교토 안의 가마쿠라
—다카오 · 도가노오—

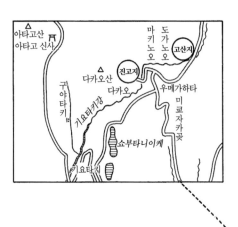

아타고산
아타고 신사

다카오산
진고지
다카오

도가노오
마키노오
고산지

구야타키

기요타키강

우메가하타

미쿄자카곶

쇼부타니이케

기요타키

교토

정토와 선종

　중세의 교토를 바라보는 거시적 관점에는 두 가지 축이
있다. 하나는 가마쿠라 시대에 시작된 새로운 종교의 전
파이며, 다른 하나는 무로마치 시대에 두드러지게 나타
난 상업의 발전이다. 이 두 가지 축을 중심으로 교토와 지
방의 문화 교류가 일어나고 교토의 특성은 더욱 분명해졌
다. 이 두 축은 각각 별개가 아니라 종교가 전파되는 경로
를 통해 상업 활동이 확산되고 또 그 경로를 통해 종교가

도후쿠지는 도다이지와 고후쿠지가 합쳐진 만큼 모든 것이 크고 웅장하다.
삼문은 남북조 시대에 재건되었다.

전해지는 상호 관계가 있었음을 무시할 수 없다. 다만 교토 안에서는 분리해 생각하기로 하고 먼저 종교에 대해 살펴보자.

교토에는 천도 이래 천태, 진언 두 밀교의 본산이 있고 황실의 원당 사찰인 어원사御願寺도 많았지만, 이는 모두 귀족들의 생활에 흥취를 더하는 것이었지 일반 민중과는 동떨어져 있었다. 하지만 그 후 정토 사상이 널리 퍼지면서 점차 민중 교화에도 힘쓰게 되었다. 그 과정에서 앞서 다루었던 육도의 세계도 형성되었다. 겐신의『왕생요집』은 정토교에 확고한 기초를 제공했지만, 일반 문화의 국풍화 현상을 따라 정토교 역시 불교의 일본화라는 큰 특색을 보였다. 겐쿠源空는 귀족적이고 유희적이었던 정토 신앙을 비판하는 동시에 정토교를 민중에 보급했으며, 신란親鸞은 최하층 민중들에게까지 정토교를 침투시켰다. 일찍이 '혁성革聖'이라고 불린 교엔의 모습에서도 짐작할 수 있듯 살생을 업으로 하는 계층까지 구제의 대상으로 여겼다. 신란은 백정, 무사, 상인 등을 그가 주창한 '악인이야말로 구제의 대상'이라는 악인정기설悪人正機説의 대상으로 보았다.

히가시야마의 마루야마円山와 가초華頂산 일대는 예부터 오타니大谷라고 불리던 곳으로 호넨과 신란의 유적이 다수 남아 있다. 지온인知恩院(지온원)은 전수염불을 설파한 호넨이 천태의 구 교단 내에서 종교 혁신의 단초를 제공했던 요시미즈吉水 선방의 유적이자 그의 분묘가 있던 곳으로 분랴쿠 원년(1234) 제자 겐치源智가 세운 지온인 오타니데라大谷寺(대곡사)에서 유래했다. 호넨의 사후, 히에이산 승병들의 극심한 탄압으로 묘소가 훼손될 위기에 처하자 제자들은 그의 유해를 서쪽 교외의 아오노粟生野로 옮겨 다비하고 고묘지光明寺(광명사)에 모셨으며, 후에 사가 니손인二尊院(이존원)에 유골을 나누어 안치했다.

호넨의 제자 신란의 영묘와 어영당도 이 오타니 북쪽에 있었다. 후에 어영당이 히에이산 승병들에 의해 파괴되자 야마시나의 혼간지로 옮겨졌다. 그 후 혼간지의 이전과 함께 이시야마 본원사를 거쳐 지금의 혼간지에 안치되었다. 한편 그의 묘소는 도쿠가와 시대 지온인이 확장될 때까지 남아 있다가 지금의 오타니 묘당으로 옮겨졌다. 이 오타니 묘당은 로쿠하라의 동쪽에 있다. 옛 로쿠도의 세계와 가까운 곳에 정토교의 개종조들이 안치된 것은 참으로 영묘한 인연이 아닐 수 없다.

정토교는 호넨의 정토종과 신란의 진종으로 나뉘면서 널리 전파되었다. 춤염불踊念仏(오도리넨부쓰)로 불법을 전파한 잇펜一遍의 시종時宗도 널리 알려졌다. 교토의 4조, 6조, 7조, 이치야市屋 등에 도량이 세워지면서 크게 번성했다. 이 교단에서는 아미阿弥라는 법명을 가진 예술가들도 다수 탄생했지만 무로마치 시대 들어 내부적으로도 약체화되어 결국 혼간지 교단에 의해 교세를 빼앗겼다. 하지만 다카가미네鷹峰로 옮긴 4조 도량 곤렌지金蓮寺(금련사)와 6조의 간키코지歡喜光寺(환희광사) 등의 도량 사원은 오늘날에도 그 명맥을 이어가고 있다. 간키코지에 소장된 잇펜대사의 전기 두루마리 그림인『잇펜성회一遍聖絵』는 특히 유명하다.

이처럼 아미타불의 본원本願에 의지한 이른바 타력본원他力本願을 주장하는 정토교의 발달과 마찬가지로 천태종 안에서도 석가가 고행을 통해 성도했듯이 자력自力 연마를 주장했던 이가 앞서 말한 에이사이였다. 임제종 사원은 겐닌지 외에도 구조 미치이에가 쇼이치聖一 국사를 개산조로 창건한 도후쿠지東福寺(동복사), 가메야마 천황이 도

후쿠지의 무칸후몬無関普門을 개산조로 삼아 젠린지도노 이궁을 선사로 개조한 난젠지南禅寺(남선사), 마찬가지로 상황의 이궁 가메야마도노 자리에 무소夢窓 국사를 개산조로 삼아 고다이고 천황의 명복을 기원하기 위해 세운 덴류지天竜寺(천룡사), 무소와 나란히 선림의 쌍벽을 이루었던 다이토大燈 국사에 의해 창건된 천하제일의 선사라 불린 다이토쿠지大徳寺(대덕사), 하나조노 법황의 이궁 하기와라도노 터에 다이토 국사의 수제자 간잔에겐関山慧玄을 개산조로 창건한 묘신지妙心寺(묘심사)와 같은 명찰이 모두 한때는 교토의 5대 선종 사원을 일컫는 5산으로 번성했으며, 오늘날에도 불법을 전하고 있다. 5산 중에는 시라카와 천황이 세운 6조 아미타당을 선사로 개조한 만주지万寿寺(만수사)만이 쇠퇴해 도호쿠지의 탑두 사원인 산쇼지三聖寺(삼성사)에 합쳐져 간신히 그 이름을 잇고 있다. 하지만 당시 만주지의 본존 장륙 아미타여래좌상은 교토 국립박물관의 현관을 장식하고 있다. 전형적인 후지와라 시대의 불상으로 세상의 변천을 보여주는 듯하다.

이런 교토의 선사가 모두 임제선이라는 것도 흥미로운 현상이다. 다시금 에이사이라는 인물이 떠오른다. 그의 승방을 나와 송나라로 간 도겐道元은 일본으로 돌아와 후카쿠사深草에 고쇼지興聖寺(흥성사. 일찍이 우지시로 옮겨졌다)를 세우고 선종의 사상을 더욱 선명히 드러낸 조동종曹洞宗을 전파했다. 지방 포교에 힘을 쏟았기 때문에 교토에는 처음 세운 고쇼지 외에 다른 사원은 없었다. 하지만 그것만으로는 이 두 선종과 교토의 관계를 설명하기 어렵다. 교토에서 임제선의 교세가 압도적이었던 것은 조동종이 기도 등의 행위에 따른 종교성이 강했던 데 비해 임제선은 교양적 요소를 지닌 문화성이 강했기 때문이 아닐까. 앞서 겐닌지에서도 보았듯이 선종 사찰은 그리 친근한 존재가 아니다. 하지만 그 안에 흐르는 문화성은 오늘날에도 사람들의 마음을 끄는 매력으로 작용하고 있다. 그 문화성을 보여주는 한 가지가 차茶였다.

교토 선종의 이런 성격은 종교적으로는 서로 대립하는 선종과 정토종의 화합을 이끌어내기도 했다. 이미 짐작했을 테지만 히가시야마 문화를 관통하는 사상적 지주는 선종과 정토종이었다. 과연 지쇼지慈照寺(자조사) 즉, 긴카쿠銀閣(은각) 안에는 그런 정취가 짙게 느껴진다.

진고지와 몬가쿠

교토의 선종 사찰들은 교토 남북으로 퍼져 있어 하나의
지역으로 파악하기는 어렵다. 게다가 교토와 융화되지 못
한 선사들도 더러 있다. 그런 탓에 교토에서 가마쿠라 시
대의 자취를 찾기란 쉽지 않다. 겨우 찾아낸 곳이 낙서 지
역의 다카오高雄와 도가노오栂尾이다. 여기까지 오면 교토
에 녹아든 가마쿠라 문화를 발견할 수 있다.

진고지神護寺(신호사)는 시영 버스를 타고 다카오에서 내

진고지로 가는 길은 꽤 힘들다. 학창 시절에는 문제없었는데 요즘은 숨이
가쁘다.

린 후 일단 기요타키강의 골짜기까지 내려갔다가 다시 올라와야 한다. 결코 만만치 않은 거리이지만 이 골짜기 너머 새로운 세계를 방문한다는 의식을 새삼 일깨워준다. 말하자면 기요타키강은 진고지의 결계結界인 셈이다. 녹음이 짙은 골짜기에는 붉게 칠한 다리가 걸려 있고, 쇼안 원년(1299)에 세워진 하승석下乘石(경내에 들어가기 전 말이나 가마에서 내리도록 표시한 돌기둥-역주)이 굳건히 자리를 지키고 있다. 다시금 마음을 가다듬고 언덕을 오른다. 요즘처럼 관광버스가 어느 사찰이든 문 앞까지 실어다주는 세상에는 길을 걸으며 만나게 될 미지의 장소에 대한 설렘과 기대감은 좀처럼 맛볼 수 없다. 그런 점에서 이 골짜기를 넘어가야만 하는 진고지는 변함없는 청정심과 다른 세계에 대한 기대감을 품게 한다. 이윽고 크고 작은 돌들을 쌓은 계단 위로 삼문이 나타난다.

　진고지의 창건에 대해서는 자세히 알려지지 않았다. 일찍이 이곳에는 다카오산지高雄山寺(고웅산사)라는 절이 있었다. 엔랴쿠 24년(805) 사이초가 중국으로 가기 전 이곳에서 곤소勤操 등 제자 7명에게 관정灌頂을 행하고 수법 제자로 삼았다고 한다. 그 후 와케노 기요마로가 가와치河內에 세운 진간지神願寺(신원사)의 절 부지를 그의 아들 와케노 마쓰나가 다카오산사로 바꿀 것을 청해 덴초 원년(824) 사호를 진고코쿠소 신곤지神護国祚 真言寺(신호국조 진언사)로 바꾸었다. 뒤이어 구카이가 주지를 맡아 이곳에 머물렀으며, 제자 신제이真済가 그 뒤를 이어 사찰을 크게 정비했다. 오늘날 진고지 금당에 모신 본존 약사여래입상은 당당한 체구, 위엄 있는 풍모, 섬세한 옷깃 장식 등 고닌 시대의 전형적인 걸작으로 유명하다. 다보탑 안에 안치한 오대허공장五大虚空蔵 좌상 5구는 동시대의 불상임에도 본존인 약사여래입상과 달리 풍염하고 관능적인 표현으로 유명하다. 다양한 면에서 진고지는 헤이안 시대 초기 밀교 예술의 두 가지 면모를 대비적으로 보여준다. 그런 의미에서 한 시대를 대표하는 진고지를 굳이 가마쿠라 시대로 인식하는 이유가 있다.

그것은 쇼랴쿠 5년(994)과 규안 5년(1149) 두 번의 화재로 소실되어 황폐해진 진고지를 닌난 3년(1168) 몬가쿠文覚 상인이 부흥시켰기 때문이다. 이 산에는 당시 몬가쿠의 뜨거운 열정이 오롯이 담겨 있다. 젊은 시절 몬가쿠는 엔도 모리토오라는 무사였다. 게사라는 유부녀를 연모한 그는 그녀의 남편을 죽이려다 그만 게사를 죽이고 만다. 몬 가쿠의 이런 걷잡을 수 없는 열정은 그가 자신의 죄를 뉘 우쳐 출가한 후 진고지의 부흥을 결의했을 때에도 드러났 다. 몬가쿠는 고시라카와 법황의 원정 어소를 찾아가 '다 카오 진고지에 장원을 기진받을 때까지 절대 물러서지 않 겠다'며 오른손엔 권진장, 왼손에는 칼을 쥐고 버티다 결 국 불경죄로 유배형에 처해진다. 그 후 유배지에서 만난 미나모토노 요리토모에게 거병을 권하고, 마침내 요리토 모가 천하를 제패하자 요리토모의 배후에서 권력을 휘두 르며 고시라카와 법황으로 하여금 '몬가쿠 상인 45개조 기 청'을 쓰고 수인까지 찍게 했다. 이런 인물 역시 교토에서 는 드문 존재였다. 교토적이라기보다 가마쿠라적 인물이 라고 할 수 있다.

어찌 됐든 진고지는 몬가쿠에 의해 중흥되었다. 이 절 에는 유명한 '미나모토노 요리토모상', '다이라노 시게모리 상', '후지와라노 미쓰요시상', '몬가쿠 상인상'의 초상화 4 폭이 있다. 본래는 후지와라노 다카노부가 그린 '고시라카 와 법황상', '후지와라노 나리후사상'을 포함한 6폭이 나란 히 걸려 있었을 것이라고 전한다. 그중 요리토모는 어엿한 조신으로 그려져 있다. 그것은 요리토모가 가진 귀족 의식의 반영인 동시에 가마쿠라의 이질성까지 녹여낸 교토 문화를 말해주는 듯하다. 교토 문화라고 하면 오늘날 남아 있는 당탑 대부분이 새로 지어진 것이지만 서남쪽 구석에 납량방納涼房이라 불리는 다이시도大師堂(대사당)가 있다. 모모야마 시대에 재건된 방장으로 침전조풍의 시토미도蔀戸(창살문에 널을 댄 덧문-역주), 가라도唐戸(쌍여닫이문-역주)가 주택을 연상시키는 친근한 양식을 보여준다. 정면에 놓인 가마쿠라 시대의 주자厨子 안에는 나무 판자에 조각된 구카이의 좌상이 안치되어 있다. 쇼안 4년(1302) 불상 조각가 호겐 조키法眼定喜가 도사土佐 곤고초지金剛頂寺(금강정사)의 불상을 모각했다고 전해진다. 조각의 시대라 불린 가마쿠라의 진면목을 엿볼 수 있는 걸작이다. 구카이의 어영은 이렇게 납량방 안에서 묵묵히 절의 성쇠를 지켜보고 있었던 것이다.

묘에와 고산지

다카오高尾, 마키노오槇尾, 도가노오栂尾는 3오三尾의 단풍으로 유명한 지역이다. 그중 가장 안쪽에 위치한 곳이 도가노오이다. 고산지高山寺(고산사)는 본래 진고지의 별원이었다. 오랫동안 방치되었던 이곳을 겐에이 원년(1206) 묘에明惠 상인 고벤高弁이 화엄 도량으로 새롭게 초석을 닦았다. 고벤은 기슈의 아리타군에서 태어나 9세에 교토 다카오산에 들어가 몬가쿠의 제자인 숙부 조카쿠上覚를

세키스이인石水院의 그윽한 정취를 바라보며 마시는 차 한잔에 마음이 따뜻해진다.

따르며 수행했다. 그는 한평생 석존을 깊이 동경했다. 열정만큼은 몬가쿠에 뒤지지 않았지만 자제할 줄도 알았다. 석가모니가 태어난 인도에 가겠다는 큰 꿈도 중생을 위해 단념했다. 〈수하좌선도樹下座禅図〉로도 알려진 엄격한 금욕 생활은 도리어 그의 뜨거운 열정을 말해주는 듯하다. 화엄종 부흥을 향한 고벤의 열의는 에이사이가 꿈꾼 일본 천태종의 부흥이 더 나아가 일본 불교의 흥륭으로 이어진 것과 같은 의미였다. 그런 고벤과 에이사이가 차를 통해 인연을 맺었다. 에이사이는 송나라에서 가져온 차를 '중국의 감 모양 차단지'에 담아 도가노오의 고벤에게 보냈다. 그 차가 이른바 본차本茶로 유명한 다카오차의 기원이다.

기요타키강의 깊은 골짜기 사이에 걸려 있는 백운교라는 돌다리를 건너면 왼쪽에 고산지로 가는 포석 길이 나타난다. 고요한 삼나무 숲 사이로 고산지 금당이 우아한 자태로 서 있다. 하지만 이 절의 매력은 누가 뭐래도 세키스이인石水院(석수원)이다. 고토바 상황의 가모 별원을 하사받은 곳이라고 한다. 전면에는 신전의 유풍으로 보이는 격자형 덧문과 세련된 디자인의 가에루마타蟇股(박공 위에 붙인 개구리 뒷다리 형상의 장식 조각-역주)가 남아 있다. 내부는 주택

풍의 편안함이 느껴지며, 툇마루에서 내다보이는 기요타키강의 경치도 빼어나다. 지금은 사찰이라기보다 묘에 상인이라는 고승의 방장으로서 아련한 정서가 감돈다.

세키스이인에서 조금 더 올라가면 가이산도開山堂(개산당)가 나온다. 이곳에 개산조開山祖인 묘에 상인상이 안치되어 있다. 메이지 35년(1902) 독일에서 열린 만국동양학회에 참석한 미카미 산지 박사는 영국의 재팬소사이어티 회원으로부터 "일본의 고승 중 일생불범一生不犯으로 이름

도가노오의 산중에는 불족석仏足石과 석탑이 점재한다. 보협인탑宝篋印塔에도 가마쿠라의 웅건한 기상이 엿보인다.

이 높은 사람이 있느냐"는 질문을 받았지만 바로 대답하지 못했다고 한다. 함께 참석했던 쓰지 젠노스케 박사는 일생불범의 상인이라면 단 한 사람 묘에를 들 수 있을 것이라고 추회했다. 미식과 술을 끊고 일생불범을 지킨 묘에의 청정한 정신이 이 상에서도 드러나는 듯했다. 이 산중에 묘에 상인이 앉지 않은 돌은 하나도 없다고 할 만큼 좌선에도 철저했다. 이는 가마쿠라의 선풍과도 통하는 부분이다.

더 위쪽까지 올라가면 오노고小野郷를 거쳐 단바로 통한다. 기타야마의 울창한 삼나무 숲에서는 미가키 마루타磨き丸太(표면을 매끈하게 다듬은 통나무-역주)가 생산된다. 그 너머에 있는 야마구니山国에는 당시 번성했던 황실 소유의 멧갓(나무를 함부로 베지 못하게 가꾸는 산-역주)이 있었다. 교토의 발전을 떠받쳐온 목재의 공급지가 이곳에서부터 북쪽의 단바지丹波路까지 펼쳐진 삼림지대였다. 그런 역사 때문인지 유달리 아름다운 기타야마의 삼나무 숲은 문학적 상상력을 자극한다. 또 야마구니에는 호즈강에서 잡은 은어를 조정에 헌상하는 관례가 있었다. 야마구니 영지의 백성들은 전국 시대의 쇠퇴한 궁정에 변함없이 헌상물을 바쳤다. 오늘날에도 당시의 각종 수취증서가 마을 곳곳에 남아 있다. 여전히 은어는 교토 분지로 흘러든 협곡의 소중한 선물이다. 기타야마의 삼나무와 은어는 지금도 야마구니를 상징하는 특산물이다.

고대 도시 위에 탄생한 마치

제9장
새로운 교토의 탄생
―마치―

교토

내란의 한복판

   중세의 문화 교류는 종교에 이어 상업이 두 번째 축을 형성한다. 이미 교·시라카와 무렵부터 교토에는 '마치町'라고 불리는 자연 발생적인 상업지구가 발전했는데, 가마쿠라 시대에 들어서면서 상가가 더욱 늘고 왕래도 빈번해졌다. 조큐 원년(1219) 사누키 지방 야시마屋島에 있는 센코인 千光院(천광원)의 렌아미다부쓰蓮阿弥陀仏라는 사문沙門(불문에 들어가 도를 닦는 사람-역주)이 종을 주조하기 위해 교토의 6

남북조 내란의 성과라고 할 수 있는 긴카쿠金閣는 새로운 마치의 탄생을 어떻게 바라보았을까.

조 마치에서 권진勸進(남에게 권하여 불도佛道에 나아가게 함-역주)
하여 이내 바라던 바를 이루었다고 한다. 그만큼 헤이안
말기부터 가마쿠라 시대에 걸쳐 이 신新마치를 중심으로
한 무로마치室町, 니시노토인西洞院을 잇는 띠 모양의 지역
에는 화재도 많았다. 간키 3년(1231) 정월에 4조 마치에서
일어난 화재는 특히 피해가 컸는데 남쪽은 아야노코지, 북
쪽은 록카쿠초, 4조방문에 걸친 '상점가'가 전부 소실되었
다. 분랴쿠 원년(1234) 8월에는 7조방문 남쪽, 8조방문 북
쪽, 가라스마 서쪽, 아부라노코지 동쪽에 걸친 큰불이 나
상업 활동에 빠질 수 없는 금융업을 담당한 도소土倉들이
막대한 피해를 보았다고 한다. 이 일대는 자다나座棚라고
불리는 각종 상점들이 늘어서 있는 구역이다. 이들은 좌座
라고 하는 동업조합을 결성했는데 가령 3조, 니시키코지,
4조 등에는 비단좌座의 상인이 많았다. 그들은 기온 신사
를 본가로 섬기며 신사의 잡역 등을 담당했다. 그들은 대
부분 고대의 율령제하에서 도모베品部, 잣코雜戸라 불리던
기술자 집단으로 각종 생산노동에 종사하다 율령제 해체
후 사사寺社에 예속된 사람들이었다. 그들은 좌를 통해 생
산·판매의 독점, 과역 면제 등의 특권과 보호를 받으며 비

로소 자유로운 경제활동을 하게 되었다.

이 같은 일부 상업지대가 전 지역으로 확대된 것은 남북조 시대의 내란이 한창일 무렵부터였다. 가마쿠라 시대 말에 이미 오래된 조방条坊 구획은 이합집산하며 각각의 구획을 만들고 마치町라 불렸다. 랴쿠닌 원년(1238) 막부의 경호기관 가가리야篝屋는 이렇게 만들어진 48개의 새로운 마치에 설치되었다. 내란이 일어나자 교토는 수차례 전란에 휩쓸려 많은 상흔을 남겼다. 『겐무연간기建武年間記』에 기록된 2조 가와라의 낙수落首 '요즘 도성에서 유행하는 것'에는 당시 교토의 모습이 잘 나타나 있다.

　　마치마다 세워진 가가리야는 허름한 5간 판잣집
　　천막을 친 관청이 잇따라 들어서 셀 수조차 없다
　　사람들은 살 곳이 없고 짓다 만 집들은 널려 있다
　　작년 화재로 텅 빈 땅들은 간신히 개간했다
　　다행히 화재를 피한 집들은 몰수당해 방치되고
　　할 일 없는 군졸들이 늘고 길가다 만나면 알은체도 않는다
　　풍류를 아는 이도 없고 소와 말만 가득해 소란스럽다

그 후 반세기에 걸친 내란기에는 도둑이 들끓고 화재가 잇따랐다. 무로마치 시대가 되어도 극심한 기근 때문에 굶어 죽거나 유랑하는 사람들이 많았다.

이런 천재와 전화戰禍 속에서도 상인들은 새로운 마치의 부흥을 이끌었다. 마치는 교토에 거주하는 사람들의 지역적인 생활 단위인 동시에 상업지구로서의 의미도 포함하고 있었다.

오에이 8년(1401) 5월 아시카가 요시미쓰는 여법경의 번幡(부처의 성덕을 나타내는 깃발-역주)을 바친 록카쿠도六角堂(육각당) 법사들에게 '3조 면 4소초惣町'의 영지를 하사했다. 이런 표현은 이미 3조 대로를 끼고 마주한 양쪽을 하나의 마치로 인식하고, 이 4개의 마치가 하나의 소초를 형성했다는 것을 알 수 있다. 그리고 이런 마치에서는 가령 오에이 24년(1427) 8월 아야노코지 오미야와 4조 오미야 사이의 주택 앞에서 칼부림이 일어났다. 자객은 주종 2명, 칼을 맞은 사람은 한 사람이었지만 이 소동으로 각 '마치'의 주민들이 모여 간신히 자객을 붙잡아 사무라이도코로侍所(막부의 치안기관-역주)에 넘겼다고 한다. 즉, 오미야 대로를 끼고 마주한 각 마치의 주민들에 의한 자주적인 경비가 이루어졌던 것이다. 또 오에이 26년(1419) 10월에는 막부가 기타노 신사에 예속된 니시노쿄 주민들의 누룩 제조·판매권을 보호하기 위해 낙중 외곽의 곡자실(누룩을 띄우는 시설-역주) 운영을 중지하고 니시노쿄의 특권으로 지정하자 곡자실을 운영하던 양조업자 혹은 창고업자들이 마치 주민들에게 연서장을 쓰게 하기도 했다. 가령 4조방문 가라스마에 있던 곡자실 등은 '향후 마치의 주민이 곡자실을 만드는 경우 미리 보고하게 했다'는 증언도 있었다. 요컨대 마치 주민들의 연대책임을 물었던 것이다. 오랫동안 천재와 인재의 피해를 겪은 체험이 마치 주민들의 자발적인 연대와 자경 의식을 높였다. 그리고 이런 경향은 오닌·분메이의 난을 거치면서 한층 강해졌다.

　무로마치 시대에는 아시카가 다카우지가 교토에 막부를 세우면서 또다시 정치의 중심이 되었지만 막부 권력 자체가 약해진 상태에서 각 지방 슈고 세력의 균형 위에 세워진 정권이었기에 정치적 의미는 비교적 크지 않았다고할 수 있다. 아시카가 요시미쓰의 시대가 그 권력의 최정점이었다. 그 권위를 상징하듯 기타야마에는 긴카쿠金閣(금각)가 세워지고 제아미 등의 예능인이 등장해 각종 연희가 성행했다. 3층 누각인 긴카쿠의 1층 법수원法水院은 지천회유식 정원과 귀족풍의 침전조 양식의 운치가 있고, 2층 조온카쿠潮音閣(조음각)는 일본의 불당 양식, 3층의 구교초究竟頂(구경정)는 선종 양식의 불당이다. 거기에는 앞서 호쇼지法勝寺에서 보았던 기발함이 교묘하게 드러나 있다. 막부의 정권 유지를 위해 공가의 종교적 권위를 무시할 수 없었던 요시미쓰가 공가의 문화가 녹아 있는 긴카쿠와 노를 차용한 것은 어쩌면 당연한 일이다. 정치의 중심을 교토에 두고 있는 이상 왕조를 무시할 수는 없었을 것이다.

하지만 아시카가 요시미쓰를 정점으로 이후 막부 권력은 점차 동요하기 시작했다. 이미 정권을 세우기까지 메이토쿠, 오에이 등의 내란을 통해 야마나山名, 오우치大内 등의 유력한 슈고 세력을 제압해왔지만 요시미쓰가 세상을 떠난 후 에이쿄의 난으로 간토関東 관령가가 막부에 반기를 들고, 가키쓰의 난으로 급기야 쇼군 아시카가 요시노리가 암살당하자 막부의 통제력은 거의 무력해졌다. 그런 상황에 쇼군의 계승 문제와 시바, 하타케야마 두 관령 가문의 상속 다툼이 유력 슈고 다이묘들의 대립으로 번지면서 오닌·분메이의 난이 일어났다. 오닌 원년(1467)부터 분

메이 9년(1477)까지 11년에 걸쳐 교토뿐 아니라 사가, 우메
쓰, 가쓰라는 물론 니시야마, 히가시야마, 기타야마 전 지
역이 전화에 휩싸였다. 그야말로 '희대의 천마天魔의 소행'
이었다. 남북조 내란 이후 성장한 마치들도 이때 모두 소
실되고 말았다. 새로운 마치뿐 아니라 오래된 도성의 자
취도 완전히 사라지면서 거듭된 내란에도 꿋꿋이 버텨온
왕조 이래의 문화도 함께 쇠멸했다. 8각 9중의 대탑을 거
느린 호쇼지가 소실된 것도 이 시기였다. 그 후 반세기나
지난 다이에이 7년(1527) 봄, 당대의 대표적인 공경公卿 산
조니시 사네타카가 산조 긴요리를 찾아왔다. 긴요리의 일
기에는 '간무 이래 헤이안쿄가 이토록 영락해 주군을 모시
기도 민망할 지경이라는 농담을 하셨다'는 기록이 있다.
워낙 큰 타격을 입은 터라 회복도 쉽지 않았던 듯하다.

교토의 마치슈

　초토화된 교토에 부흥의 숨결을 불어넣은 것은 마치
의 주민인 상·수공업자들이었다. 어소 서쪽에 상, 중, 하
의 다치우리立売(가게를 마련하지 않고 길가 등에 서서 물건을 팖-역

주) 마치가 생긴 것도 이 무렵이다. 교토 곳곳에서 지역적으로 단결한 마치들이 생겨났는데, 그런 마치의 주민들을 '마치슈町衆'라고 부르게 되었다.

일찍이 도시 행정구획의 최소 단위였던 초町는 1초 사방이 도로로 둘러싸인 정방형의 구획이었다. 반면에 새로운 마치는 도로를 사이에 두고 마주한 양쪽을 하나의 마치로 인식했기 때문에 자연히 도로를 낀 육각형의 구획이 된다. 이런 마치 여럿이 모여 오야마치親町를 형성한다. 오

교토의 마치구미. 대문자로 표시한 세로 줄과 소문자로 표시한 가로 줄의 마치가 각각 연계해 소마치를 형성한다. 중세에는 중정을 통해 마을의 구획이 유지되었다.

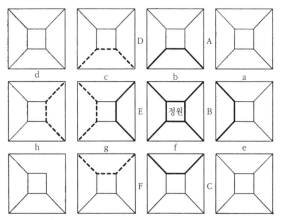

늘날 교토 시내의 위치를 나타내는 아가루上ル, 사가루下ル, 히가시이루東入ル, 니시이루西入ル 외에 다른 마치명이 붙은 것은 중세 이래의 마치에서 유래된 경우가 많다. 지금도 교토 시민들은 서로 마주보는 마치의 이웃들과 긴밀히 단결하고 있다. 히가시쓰라東頰, 니시쓰라西頰, 미나미쓰라南頰, 기타쓰라北頰와 같이 '쓰라頰'라는 명칭이 있는데, 이는 서로 마주보는 양쪽을 하나로 인식한 표현이다. 그렇다고 과거의 1초라는 관념이 완전히 사라졌다고는 생각지 않는다. 근세에는 서로 마주한 마치 간의 교류가 깊어지고 주택이 가득 들어서면서 양옆과 뒤쪽 마을과 사이가 점차 소원해졌다. 하지만 중세에는 우물, 빨래 건조장, 채마밭 등을 공동으로 사용했던 만큼 주민들 간에 서로 가깝게 지냈던 듯하다. 당시의 분위기는 구 산조가와 우에스기 가문이 소장한 '낙중낙외도 병풍'에도 잘 나타나 있다. 서로 등을 맞댄 집들은 각기 다른 마치에 속하지만 정원을 중심으로 네 곳의 마치가 연결되는 구조이다. 그만큼 오래된 도시구획도 완전히 의미를 잃은 것은 아니다.

하지만 근세에는 아무래도 서로 마주보는 마치의 유대가 강했다. 오늘날 4조 대로의 폭이 넓어지고 시영 철도가 개통되었지만 여전히 마주 보는 양쪽이 하나의 마치라는 사실은 변함이 없다. 한편 4조 대로를 나카교中京구와 시모교下京구의 경계로 삼는 새로운 구획정리를 시도했지만 성공하지 못했다. 그렇게 되면 하나의 마치가 둘로 나뉘기 때문에 교토 시민들은 도로에 의한 구획정리를 받아들이지 않았다. 결국 4조 대로 이남과 4조 대로에 면한 북쪽까지 시모교구가 되었다. 그런 이유로 이 지역 학생들은 교통량이 많은 4조 대로를 건너 통학하게 되었다. 학교 측에서는 고민일 수밖에 없다. 하지만 이런 강인한 마치 조직이야말로 교토 시민들이 믿고 의지하는 버팀목이 아니었을까.

마치슈는 마치라는 지역적 집단생활을 영위하는 사람은 누구나 참가할 수 있었다. 따라서 상·수공업자가 중심이었지만 몰락한 공가며 고리대금을 하는 창고업자도 포함되었다. 마치슈들의 생활은 본래 적극적이고 활기가 넘쳤다. 게다가 몰락한 공가의 고전적 교양과 부유한 창고업자들의 경제력 덕분에 더욱 풍요로워졌다. 이렇게 연결된 마치 간에는 연대 의식과 동시에 경쟁의식도 강하다. 중세의 마치슈들은 기온 마쓰리에 내보낼 수레 장식과 본오도리의 화려한 가무를 겨루었다. 연대 의식이란 각자가 독립된 주체로서 동등한 경쟁을 할 수 있을 때 비로소 의미가 있다. 따라서 각 가문의 독립과 서로의 독립을 침해하지 않고 피해를 주지 않는 것이 마치슈의 신조였다. 이런 정신을 기반으로 마치슈 문화가 크게 발전했다.

마치의 주거생활에는 일종의 규격이 존재했다. 도로에 면한 폭이 좁고 안길이(집터 따위의 맨 앞 가에서 직각 방향인 거리-역주)가 깊다. 흔히 '장어의 잠자리'와 같다고 한다. 이런 구

나카교의 환전상 앞. 지금은 보기 힘든 무시코마도와 접이식 가판이 보인다. 보존해야 할 민가의 모습이다.

조는 중세에 토지나 주택의 정면 폭의 크기에 따라 세금을 부과하는 지구치센地口錢을 줄이기 위해서였다고 한다. 지구치센으로 기온 마쓰리의 비용을 마련한 것은 사실이지만 그것 때문에 가옥의 구조가 규정되었다는 것은 결과론적인 견해로 보인다. 그보다 도로에 면한 가옥의 격자 덧문을 떼어내고 밧다리 쇼기ばったり床机라는 접이식 진열대를 내리면 금세 가판이 되는 구조에서 상업 활동과 직결된 생활 모습을 엿볼 수 있다. 결국 정면 폭을 조금씩 양보하는 대신 가판의 수를 늘림으로써 마치에 활기를 불어넣으려는 의도가 아니었을까. 가옥 2층에는 반드시 무시코마도虫籠窓라고 하는 촘촘한 격자창이 있다. 바깥의 손님을 의식해 볼품없는 내부를 가리고 밖을 내려다볼 수 없게 만든 창이다. 상인들은 무더위도 참고 견뎠다. 무시코마도는 일찍이 사이카쿠西鶴의 소설에도 등장하는 만큼 근세에 2층집이 일반화되면서 나타났을 것이다. 불이 나면 도망갈 곳이 없어 위험해 보이지만 앞으로 당기면 금방 떨어진다고 한다. 상가의 어른들은 어린 손자를 앉혀놓고 늘 주의를 주었다고 한다. 상가는 한쪽에 '도오리 니와通り庭'라고 부르는 봉당이 안쪽까지 길게 이어져 있고, 다른

한쪽에는 '장어의 잠자리'처럼 좁고 긴 방들이 있었다. 도오리 니와가 안뜰까지 이어지고, 가장 안쪽에 별채와 창고가 있었다. 중세의 상가는 근세가 되면서 도오리 니와를 통해 안쪽의 공터를 향해 발전해간 것을 알 수 있다. 주택 구조에서도 상인들의 경제력이 커가는 과정이 은근히 드러나는 듯하다. 교토는 마치를 조금 벗어나면 200~300년 전의 팔작집 양식에 초가지붕을 얹은 농가를 볼 수 있다. 심지어 마치 안에도 400년의 역사가 만든 교토의 주택 구조가 남아 있다. 전후 오래된 교토의 상가들도 근대적 생활양식에 맞게 바뀌고 있다. 다만 옛 상가의 좁고 긴 땅을 이용해 지어진 민가야말로 일본 민가의 원형이라고 말하고 싶다.

앞서 말했듯이 각 마치가 동등한 위치를 점하고 주택의 구조에도 일정한 규격이 있다면 마치 간의 경쟁의식은 마치 주민 간의 경쟁으로 번지게 마련이다. 마치슈들의 활력을 보여주는 증거이기도 하다. 마치슈들의 경쟁의식 덕분에 교토의 의생활은 크게 발전했다. '교토는 꾸미다 망하고, 오사카는 먹다 망한다'는 말이 있다. 아마도 이 말은 간사이 지방에 대한 간토 사람들의 비평임이 분명하다.

둘 다 근세의 현상이지만 중세에서 유래한 사실이다. 교토가 니시진오리西陣織와 교 염색京染의 본고장이라는 환경도 무시할 수 없다. 포목의 도시라고 해도 과언이 아닐 것이다. 특히 무로마치와 고로모노타나 대로는 예부터 포목점이 모여 있던 상업지역으로 지금도 그 명맥을 이어오고 있다. 그런 환경에서 여성들이 얼마나 많고 아름다운 기모노를 가졌는지가 그 집의 생활력을 보여주는 가장 구체적은 증거였다. '꾸미다 망한다'는 말과 함께 항상 나오는 이야기가 있다. 교토 긴자의 상인 나카무라 구라노스케와 오사카의 거상 요도야 다쓰고로 두 집안의 아내들이 교토의 아라시야마에서 기모노 경쟁을 벌여 나카무라 구라노스케의 아내가 이겼다는 이야기이다. 이 이야기를 들으면 교토의 기모노가 얼마나 화려했을까 싶지만 오사카의 요도야가 걸친 기모노가 훨씬 비싸고 호화로웠다. 교토의 나카무라가 입은 기모노는 검은 비단에 그린 오가타 고린의 작품이었다고 한다. 오늘날에도 교토의 기모노에는 그런 요소가 있다.

하지만 그런 화려하고 아름다운 기모노는 어디까지나 '외출복'이지 '평상복'은 전혀 다르다는 것이다. 의생활에

관해서는 외출복과 평상복에 확실한 차이가 있다. 즉, 안 팎의 구별이 분명하다는 뜻이다. 교토 여성들의 평상복은 매우 검박하다. 작업복이라고 해도 좋을 정도이다. '교토의 오차즈케お茶漬け(쌀밥에 뜨거운 차를 말아먹는 요리-역주)'라고 놀림 받는 교토의 식생활과도 통하는 면이 있다. 이런 평가는 다양한 의미로 생각할 수 있지만 요컨대 간소한 식사를 가리키는 표현일 것이다. 교토의 명산품은 순무 절임, 유채 절임, 가지 절임 등 손이 많이 가지 않는 절임류가 많고 맛도 뛰어나다. 기념품으로도 인기가 높아지면서 이런 것들로 교토의 식생활을 판단하지만 이런 간소함도 어디까지나 평상시의 이야기이다.

교토에서 '꾸미다 망한다'는 표현과 '오차즈케'는 특별히 모순되는 말이 아니다. 의생활에서는 밖을 강조하고, 식생활에서는 안을 비평한 정도이다. 화려한 외출복이 있으면 작업복처럼 보이는 평상복이 있듯 오차즈케의 반대쪽에는 예부터 호초도包丁道라고 불리는 요리의 유파가 있다. 지금도 이카마류生間流라는 요리의 본가가 그 명맥을 잇고 있다. 가이세키懷石 요리나 후차普茶 요리는 다도와 선종의 결합으로 발달한 교토 고유의 요리이다. 바다와

먼 교토는 야마구니를 비롯한 하천 상류에서 잡은 은어 따위의 민물고기 요리 또한 미각을 자극한다. 교토 사람들의 식생활은 안보다 밖이 훨씬 풍성하다.

이처럼 안에서는 검소하게 생활하고 밖에서는 남에게 뒤지지 않을 정도로 대등한 위치를 고수했다. 그것이 마치슈들의 기상이었다. 다시 주택의 구조로 돌아가면, 어느 집이든 건물 양쪽 들보 위에 '우다쓰卯建(동자기둥)'라고 하는 짧은 기둥을 올렸다. 이런 구조는 화재가 나면 불이 옆집으로 번지는 것을 막기 위한 일종의 방화벽 역할을 했다. 오늘날 우다쓰를 올리지 못한다는 말은 지위나 형편이 좋지 않다는 뜻으로 쓰인다. 그만큼 우다쓰를 올리지 못하는 것이 얼마나 불명예스러운 일이었는지를 말해준다. 우다쓰를 올리는 것은 이웃에 피해를 주지 않는 동시에 어엿한 마치슈로서 자리매김하게 되었다는 의미이다.

법화의 세계

교토의 마치 조직은 집을 단위로 구성된다. 마치에 소속된 집들은 매월 교대로 월 행사를 맡아본다. 지금도 구

舊시내의 마치를 걷다 보면 간혹 처마 끝에 월 행사의 팻말을 걸어놓은 집이 눈에 띈다. 이런 전통은 전쟁 중의 도나리구미隣組(제2차 세계대전 당시 국민을 통제하기 위해 만든 지역 조직-역주) 제도를 통해 현재의 조나이카이町內会(지역 주민의 자치 조직-역주)로 이어지는 400년의 역사를 지닌 마치 조직의 실체이다. 과거에는 집을 소유한 주민들만 차례로 월 행사를 맡았다. 집을 소유한 주민과 셋집에 거주하는 주민 사이에 엄연한 계층이 존재했던 만큼 민주적으로 온전히

기온 마쓰리의 전야제는 병풍 마쓰리라고도 불린다. 나카교의 상가에는 백중날, 정월 이상으로 즐거운 날이다.

평등했던 것만은 아니다. 교토 사람들이 다른 지역에 비해 집을 소유하고자 하는 욕구가 큰 것도 이런 유래 때문일 것이다. 근세에는 이 두 계층의 관계가 농촌으로 치면 지주와 소작농의 관계와 공통되는 부분이 있었다.

이처럼 집을 소유한 계층이 마치를 지배하고 더 큰 단위의 초町를 대표했다. 전국 시대의 혼란상에는 이들의 지도 하에 주민 모두가 힘을 모아 자위 체제를 갖추었다. 그중 하나였던 몰락한 귀족 야마시나 도키쓰구 등도 적극 나섰다. 예컨대 다이에이 7년(1527) 11월 야나기모토 가타하루가 군사를 일으키자 '마치 수호를 위해 울타리를 두르기로' 하고 12월 1일에는 '울타리로 쓸 대나무를 주문해 마치에 기부하고 남은 10개로 소로小路 입구에 문을 세웠다'는 기록이 있다. '마치의 울타리'를 세울 자재를 제공했을 뿐 아니라 '마치 주민들에게 술을 대접'하기도 했다. 교토의 동북쪽 외곽 다나카고田中鄕에는 분메이 6년(1474) 8월 어령 신사(지금의 다나카 신사)를 중심으로 방어 진지를 구축하고 다나카가마에田中構라고 칭했다. 근교 향촌의 지역적 단결이 시내까지 확대된 것이었다. 교로쿠 2년(1529) 정월에는 야나기모토가家의 무사가 토지세 징수를 명목으로 이치조도노一条殿에 들이닥치자 '혁당革堂의 종소리가 끊이지 않아 마치 주민들이 함성을 지르며 몰려나왔다'고 한다.

이런 식의 자치적 질서는 덴분 원년(1532)의 홋케잇키法華一揆를 경험하면서 한층 체계를 갖추게 되었다. 여기에서 마치슈들의 종교가 된 법화종에 대해 살펴보자. 물론 앞서 이야기한 선종이나 정토교를 믿는 주민들도 있었다. 다만 특별히 강조하고 싶은 것은 가마쿠라 시대에 간토関東 지역에서 시작된 법화종이 니치렌日蓮의 유제를 통해 간토보다 먼저 호쿠리쿠北陸 지방에 퍼지고 에이닌 2년(1294) 니치조日像가 교토로 온 후부터 빠르게 전파되었다. 법화종의 교리는 즉신성불을 본위로 현세 즉, 사바세계에서 적광토를 실현하는 것이었다. 현세의 이익을 얻기 위한 가지기도加持祈禱 등도 일반적이었기 때문에 현세에 집착하는 경향이 강한 도시의 상·수공업자들을 깊이 사로잡았다. 그리하여 무로마치 시대에는 양조업자인 야나기자카야柳酒屋의 외호로 세워진 묘렌지妙蓮寺(묘연사), 덴노지야 쓰묘의 저택을 절로 개조한 묘만지妙満寺(묘만사), 고소데야 소쿠가 기부한 혼노지本能寺(본능사) 등의 본사가 잇따라 건립되었다. 마치의 종교로 뿌리 내린 법화종은 중생을 교화해 불법의 길로 이끄는 절복折伏에 매진했던 만큼 구불교의 천태종과 신불교의 일향종一向宗과도 대립했다. 특히 일향종은 렌뇨蓮如의 포교 활동을 통해 주로 농촌에 널리 퍼졌다. 오미近江, 에치젠越前, 가가加賀에 교세를 확장하며 분메이 12년(1480) 이후에는 북쪽 지방에서 무장봉기一向一揆를 전개하기에 이른다. 일향종의 봉기가 기나이畿內 지방까지 미치자 결국 법화종 신도들과도 충돌하게 된다. 덴분 원년(1532) 7월의 법화종 봉기法華一揆가 그것이다. 이는 봉기 세력이 커지는 것을 우려한 막부의 호소카와 하루모토가 일향종을 저지하고자 이용한 면이 없지 않지만 당시의『기온집행일기祇園執行日記』에 따르면 '일향종 봉기 무리가 교토에 난입해 법화종을 퇴치할 것이라는 소문'이 돌면서 결국 '법화종 신도들이 봉기해 호소카와 하루모토와 손을 잡고 야마시나를 공격했다'고 전해진다. 그들은 '야나기모토 가타하루의 가신' 야마무라 마사쓰구의 지휘로 봉기해 '가미·시모교의 법화종 신도 수천 병이 집결해 히가시야마를 공격하고' 6조의 혼코쿠지本圀寺(본국사)에 요새를 구축했는데 그 병력이 3,000~4,000명에 이르며 모두 교토의 주민들이었다고 한다. 당시 3조 교고쿠京極에서 그 모습을 보고 있던 야마시나 도키쓰구는 "기병 400여명, 1만에 가까운 토착민들의 군세가 놀랍기만 하다"고 말했다고 한다.

이렇게 마치슈들은 일향종의 봉기 세력에 맞서 야마시나의 혼간지를 불태웠을 뿐 아니라 그들이 바라던 교토의 지배권 확립과 낙중의 토지세 폐지를 감행했다. 농민 봉기의 연장선상에 있던 일향종 봉기와 대립했다는 점에서 농민들의 투쟁을 가로막는 반동적 역할을 했지만, 낙중 지역의 토지세 폐지를 단행한 점에서는 봉건 권력에 대한 민중적 저항을 시도했다고 볼 수 있다. 거기에 법화종 봉기의 역사적 의의가 있다.

법화종 봉기는 충동적으로 일어난 봉기가 아니라 마치의 자치 체제를 완성하는 데 큰 의미를 갖는다. 덴분 5년(1536) 7월 엔랴쿠지 세력에 의해 법화종 봉기가 종식된 후 처음으로 마치 주민들의 자치조직에 대한 기록이 문헌에 등장한다. 가미교上京에서는 다치우리 구미組, 나카 구미, 오가와 구미, 니시 구미, 1조 구미 등이 성립했고 시모교下京에서는 가와니시 구미, 우시토라 구미, 나카 구미, 다쓰미 구미 등의 자치조직 즉, 마치구미町組가 성립했다는 것을 알 수 있다. 각 마치의 연합체인 마치구미는 교대로 '월月 행사'라고 칭한 사무를 담당했다. 주택을 소유한 유력자들이 마치구미까지 꾸려나갔던 것이다. 또한 마치구미의 연합은 가미·시모교라는 더 넓은 범위의 지역 결합을 이끌어냈다.

덴분 19년(1550) 윤5월 24일 요이치 이에히사라는 한 무장은 '가미교 월 행사' 앞으로 자신의 부하가 낙중 지역을 배회하며 이유 없는 행패를 부릴 시에는 보고 없이 처벌해도 된다는 통고문을 보냈다. 가미교 월 행사는 각 마치구미 내에서 차례로 가미교의 사무를 담당하는 마치구미가 존재했다는 것을 말해준다. 그리하여 가미·시모교의 자치조직이 완성되었다. 사무 기구로서 가미·시모교를 대표하는 가미교 월 행사는 각 10명의 총 대표가 운영을 담당했다. 덴분 8년(1539) 2월 이들 총 대표 20명은 양조 및 창고업에 징수하는 세금을 두고 막부와 교섭했다. 이는 총 대표의 성격을 단적으로 보여준다. 총 대표는 민주적인 절차에 의해 선출된 것이 아니라 부유한 양조업자나 창고업자 등의 유력 마치슈가 맡았다. 그것은 오다 노부나가라는 새로운 전제 지배자가 등장하기 직전의 마치의 모습이었다.

　마치구미를 만든 주역은 본래 상·수공업자 중심의 마치 슈들이었다. 특히 동업조합의 보호와 특권을 이용해 부를 쌓은 이들도 있었지만 총 대표를 맡은 창고업자들의 계보는 소시민 계층의 상승으로 보기에는 다소 무리가 있다. 그들 중 다수는 남북조 이래의 내란기에 교토로 이주한 무사들이거나 데릴사위로 들어가 마치슈가 된 사람들이었다. 그들은 교토의 상업적 발전의 토대가 된 조합 조직의 대표직을 매수하는 식으로 장악해온 것으로 보인다. 이 시기 총 대표의 출신 가문은 향후 마치 발전에도 영향을 미친다. 그런 점에서 법화종 봉기가 일어난 덴분 원년은 마치의 전환점이 되었다고도 볼 수 있다.

마치슈의 기개를 보여주는 야마보코 순행

제10장
교토 마치의 중심
— 호코노쓰지 —

3조 대로

대니로 시노토인

무로마치 대로

가라스마 대로

대각당

4조 대로

붓코지 대로

교토

교토의 배꼽

교토 나카교中京의 록카쿠 대로 가라스마 히가시이루에 있는 록카쿠도六角堂(육각당)에는 배꼽 돌이라고 불리는 돌이 있다. 록카쿠도는 쇼토쿠 태자의 수호불이었던 1촌 8분(약 5cm)의 여의륜관음을 모셨다고 전해지며, 후에 서국西国(교토를 중심으로 한 간사이 지방-역주) 33개 관음성지가 되었다. 나카교 시민들에게는 '록카쿠상'이라는 애칭으로 더욱 친근한 사찰로 잿날이면 많은 참배객들이 찾는다. 일찍이

'록카쿠상'이라는 애칭으로 불리는 록카쿠도의 상징. 잿날이면 일대는 노점 시장으로 붐빈다.

이 일대는 야마시로 지방의 구지타고折田郷, 쓰치구루마노 사토土車の里라고 불리던 숲이었다. 시텐노지四天王寺(사천왕사) 건립에 쓸 목재를 찾아 이곳에 온 쇼토쿠 태자가 영목靈木을 발견하고 먼저 록카쿠도를 세웠다고 한다. 그런데 공교롭게도 록카쿠도가 헤이안쿄의 도로 중앙에 있는 바람에 천황의 허락을 구하고 다른 곳으로 옮기려는데 하룻밤 새 북쪽으로 5장(약 15m) 남짓 물러나 무사히 길을 낼 수 있었다고 한다. 그때 본당의 중심에 있던 주춧돌이 문 앞에 남게 되었는데 그 형태가 배꼽을 닮았다고 하여 배꼽 돌이라고 부르고 이곳이야말로 교토의 중심이라고 여겼다. 지금은 동문 안쪽으로 옮겨져 포석에 둘러싸여 있다. 경내에서 판매하는 배꼽 돌 모양의 떡도 록카쿠도를 참배하는 선남선녀들의 입을 즐겁게 한다. 하지만 이제는 교토에 살아도 록카쿠도에 얽힌 전설을 아는 사람이 드물 정도로 잊히고 말았다.

전설 속에서 주춧돌을 배꼽에 비유한 것은 누구나 쉽게 생각할 수 있는 것이었다. 육각형 돌의 한가운데가 배꼽처럼 우묵하게 패어 있기 때문이다. 하지만 이곳을 교토의 배꼽으로 본다는 것은 교토의 마치의 역사를 돌아봐야만 알 수 있는 것이다. 그 안에는 록카쿠도를 마치의 중심으로 볼 수 있는 시점이 분명 존재한다. 덴분 원년(1532) 9월 법화종 봉기가 일어나던 시기의 일이다. 일향종 봉기 세력이 교토를 공포로 몰아가던 그때 마치의 주민들은 날마다 집회의 종을 쳤다. 가미교에서는 혁당革堂, 시모교에서는 육각당의 종소리가 밤새도록 울려 퍼지며 마치슈들을 불러 모았다. 급기야 마치슈들이 일향종 봉기에 맞서 법화종 봉기를 일으키고 막부와 협력해 야마시나의 혼간지를 공격한 '덴분의 난'이 일어났다. 록카쿠도는 가미교의 혁당과 나란히 새로운 상업도시로 성장하는 시모교의 중심이었던 것이다. 시모교의 마치슈들이 록카쿠도의 종소리를 신호로 모여드는 모습이 생생히 떠오른다.

록카쿠도는 마치슈들의 봉기 외에도 일상생활에도 깊은 관계가 있었다. 도요토미 히데요시의 사찰 이전 계획에도 자리를 지킬 수 있었던 이유는 무엇일까. 우리는 여기서 록카쿠도가 꽃꽂이의 종가라는 사실을 기억해야 한다. 록카쿠도 일대가 쓰치구루마노사토라고 불린 숲이었을 때 이곳에는 쇼토쿠 태자가 몸을 씻었다는 연못이 있었다고 한다. 쇼토쿠 태자의 일화는 차치하더라도 이 부근에 연못이 많았던 것은 사실인 듯하다. 이 연못 근처에 세워진 록카쿠도의 승방이 이케보노池坊이다.

일찍이 불전에 바치는 헌화에서 시작된 꽃꽂이는 왕조 무렵부터는 부처보다 인간에게 기쁨을 주는 예술로 발전했다. 가마쿠라 시대부터는 다나바타七夕 마쓰리 등에서 꽃꽂이 전람회를 열고, 무로마치 시대에는 그야말로 유행의 정점에 이르렀다. 궁정이나 막부는 물론이고 각 마치의 모임에서 논의될 정도였다. 마치의 모임은 민중 희극인 교겐의 좋은 소재를 제공하기도 했는데 렌가連歌 모임, 투다鬪茶, 분재盆栽, 꽃꽂이와 함께 기온 마쓰리의 야마보코 장식을 둘러싼 마치슈들의 모임 등이 있다. 꽃꽂이가 마치에 유행하기 시작한 시점에 꽃꽂이 중흥의 시조라고 불린 이케노보 센케이가 있었다.

다도와 꽃꽂이

무로마치 시대에는 꽃의 어소라고 불린 무로마치의 막부가 교토를 지배했다. 아시카가 요시미쓰 때에 전성기를 맞았지만 당시에도 안으로는 내란이 끊이지 않고 밖으로는 지방의 강력한 슈고 세력에 대한 통제력이 약화된 상황이었다. 재정적으로도 거듭되는 전란으로 직할령 등의 수입이 불안정해졌다. 자연히 낙중 외곽의 금융업을 겸하던 창고업자와 양조업자들에게 과역을 징수하게 되었다. 이런 양조·창고업자들을 지지한 것은 그들이 주체가 된 명일明日 무역이다. 따라서 명일 무역은 무로마치 막부에 더없이 중요한 사업이었다. 명일 무역을 통해 회화는 물론 조각품(칠공예품), 청동품, 다기(자기), 도기, 엽차 단지, 말차 단지, 서원 도구까지 소위 외래품이 속속 들어왔다. 외래품 자체가 진귀하기도 했지만, 외래품 숭배는 재정을 지탱하는 무역에 대한 의존성이 강하게 작용했다. 그런 데다 이미 내리막길을 걷고 있던 막부의 쇼군 아시카가 요시마사의 은각銀閣을 중심으로 히가시야마東山 문화가 꽃피었던 것이다.

히가시야마 문화를 한마디로 평하자면, 아미阿弥의 예술이었다고 할 수 있다. 사람과 사람이 만나 소통하는 자리가 되어야 할 차 모임이 외래품의 범람으로 오로지 다기茶器를 즐기는 자리가 되었다. 차 모임만이 아니다. 하나아와세花合せ(꽃병에 꽃을 꽂고 감상하는 풍습-역주)에서도 꽃보

다 꽃병을 중시하는 풍조가 나타났다. 기타야마도노北山殿에서는 50명이 모여 각자 가져온 외래 화병에 꽃을 꽂고 연회를 즐기는 화병 중심의 하나아와세가 열렸다. 그러자 외래품을 감정하는 이들이 대우받고 더 나아가 외래품을 취급하는 특정 기술도 생겨났다. 또 그런 외래품을 어떻게 조화롭게 배치할지가 새로운 관심사가 되었다.

다도나 꽃꽂이의 예술성은 결국 그것이 이루어지는 장소와 이용되는 기물의 조화와 창의성에 있다고 생각한다.

도진사이同仁斎를 다다미 넉 장 반 다실의 기원이라고 하는 데는 다양한 설이 있지만 일시동인의 뜻은 다도와 통하는 바가 깊다.

외래품을 감정하고 취급하던 전문가가 다도와 꽃꽂이의 전문가로 발전하는 것은 어쩌면 자연스러운 과정이다. 그리고 그 전문가란 다름 아닌 쇼군, 다이묘를 측근에서 모시던 도보슈同朋衆로 노아미能阿弥, 게아미芸阿弥, 소아미相阿弥로 대표되는 아미라는 아호로 불리던 사람들이었다. 그들은 본래 미천한 신분이었거나 몰락한 가문 출신으로 출가해 속세를 떠나지 않으면 권력에 다가갈 수 없었던 사람들이다. 대부분 시종時宗의 신도였는데 이는 시종이 가장 쉽게 출가할 수 있는 종교였기 때문이다. 아시카가 요시마사의 측근에서 쇼코쿠지相国寺(상국사)와 히가시야마 별장 조영에 종사했던 젠아미도 그중 하나였다. 요시마사는 별장에 은각을 짓고 도구도東求堂(동구당)를 세웠다. 도구도 거실을 칭하던 도진사이同仁斎(동인재)라는 이름처럼 아미들은 일시동인一視同仁의 분위기에서 위대한 업적을 남겼다.

히가시야마의 다도와 꽃꽂이가 아미의 예술로서 외래품 본위에 집중하던 때, 민중적인 분위기 속에서 성장했지만 귀족 문화에 대한 깊은 이해를 바탕으로 다도와 꽃꽂이를 아미들의 손에서 해방시켜 마치슈 사이에 퍼뜨린 것이 바로 다도의 시조라 불리는 무라타 주코村田珠光와 꽃꽂이 중흥의 시조 이케노보 센케이였다. 교토의 6조 호리카와에 있었던 무라타 주코의 다실에는 아시카가 요시마사가 직접 쓴 '주코암珠光庵'이라는 편액이 걸려 있었다고 한다. 무라타 주코의 다도는 그의 후손 무라타 소주村田宗珠에 의해 다이에이(1521~1528) 시대에 교토 시모교의 구석구석까지 전파되었다. 전국시대의 공경 와시노오 다카야스는 무라타 소주의 다실을 '산거의 쓸쓸한 정취 실로 시중의 산거라 할 만하다'라고 평했다. 이렇게 다도는 아미의 예술에서 마치슈의 취미가 되었다.

다도 역사상 주코의 뒤를 잇는 다케노 조오武野紹鴎는 사카이 지방에서 교토로 상경해 주코를 사사했다. 다케노 조오 역시 4조 무로마치아가루의 에비스도夷堂 옆에 시중의 산거와 같은 다실을 열었다. 그 암자를 다이코쿠암大黒庵이라고 칭한 것은 재복의 신으로 나란히 모시는 에비스 신과 다이코쿠 신에서 유래한 것으로 마치슈들의 복신福神에 대한 동경이 엿보여 재미있다. 다케노 조오의 다실은 민중에 한층 더 가까이 다가갔다. 다실의 흰 벽은 토벽으로 바꾸고 나무 격자 대신 대나무 격자를 썼으며, 다정자

茶亭子(다구를 벌여놓는 탁자-역주)도 놓지 않은 다다미방은 마치슈들의 다도에 걸맞은 소박한 것이었다. 센노 리큐千利休도 사카이 지방 출신이다. 그의 조부는 아시카가 요시마사의 도보슈였던 센아미로 소아미 등의 선배 격이다. 만년에 섬긴 쇼군 아시카가 요시히사가 전사하자 사카이 지방으로 갔다. 센노 리큐의 아버지 센 요효에千与兵衛가 센아미의 이름을 따서 성으로 삼은 것도 아미라는 특수한 지위를 극복한 하나의 예라고 할 수 있다.

히가시야마 문화는 많은 역사적 유산을 남겼다. 오늘날까지 전해지는 도코노마床の間, 지가이다나違い棚, 다실 등의 주택 건축 구조는 물론 다도와 꽃꽂이 등의 전통 예술의 원형이다. 물론 그것은 역사와 전통을 계승한 마치슈가 있었기에 가능한 일이었다.

기온 마쓰리

오닌·분메이의 난 이후 기온 마쓰리의 야마보코山鉾(창 따위를 꽂아 장식한 수레-역주)를 다시 볼 수 있게 된 것은 메이오 9년(1500)의 일이다. 내란 전에 이미 '야마보코의 화려함이 사람들을 놀라게 했다'고 전해질 만큼 크게 융성했지만 내란이 일어나면서 29년이나 폐지되었다. 메이오 5년 (1496)에 마침내 부흥 계획이 추진되고 4년 후 실현되었다. 하지만 모든 게 난 이전으로 복구된 것은 그로부터 1, 2년이 더 걸렸다. 막부는 차와 렌가 모임은 물론 춤, 다이토로大燈呂(제등 행사-역주)까지 사람들이 모이는 모든 집회를 경계하고 막았기 때문에 기온 마쓰리의 부흥도 쉽지 않았을 것이다. 하지만 이렇게 부활한 마쓰리는 더 이상 조정이

'얼핏 비친 큰 대 자의 횃불은 덧없어라 내 눈에 비친 너의 모습'. 요시이 이사무吉井勇.

나 막부가 아닌 마치슈들의 축제로 자리 잡았다.

따라서 덴분 2년(1533) 6월 법화종 봉기 세력이 교토를 지배했을 때 막부가 엔랴쿠지의 항의를 이유로 돌연 기온 마쓰리를 중지시키자 마치구미의 총 대표는 물론 하급 관리 등의 마치슈들이 다 같이 기온 신사를 찾아와 "마쓰리는 없어도 야마보코 순행만은 계속하겠다"고 요구했을 정도였다. 여기서 우리는 기온 마쓰리에 대한 마치슈들의 지극히 명쾌한 사고방식을 알 수 있다. 마쓰리는 신사의 행사, 야마보코 순행은 마치의 행사로서 확실히 구별했다. 4조 대로 양쪽에 상점을 운영하던 마치슈들은 '기온 마쓰리 지구전地口錢(토지나 가옥에 부과한 임시세-역주)'이라는 점포 면적에 상응하는 비용을 추렴해 야마보코 순행을 이어왔다. 에이로쿠 9년(1566) 무렵 4조방문의 지구전은 80문文이었다. 당시 100문이면 쌀 한 말 두 되를 살 수 있었다고 하니 결코 가볍지 않은 액수였다. 그럼에도 야마보코 순행을 계속해왔듯 마치슈들은 이 마쓰리를 진심으로 즐겼다.

마치슈들은 각자의 마치에서 내보낼 야마보코 장식을 함께 궁리하고 의논했다. 두역頭役이라는 당번을 정하고 이 당번을 중심으로 월 행사를 맡아보는 마치슈와 함께 모임을 주최했다. 교겐 '구지자이닌圖罪人'은 이런 모임의 모습을 유희적으로 그려냈다. 마치슈들은 모임을 통해 다양한 의견을 주고받는다. 오늘날 거의 일정한 야마보코의 취향도 당시에는 매년 다른 변화와 창조성이 빛을 발하며 생동감이 넘쳤다고 한다. 야마보코 순행은 제비뽑기로 순서를 정하는데 지금도 제비를 뽑지 않고 후제後祭의 야마보코 순행의 선두에 서는 하시벤케이 야마橋弁慶山는 '구지자이닌'에서도 '매년 나오는 야마보코'로 등장한다. 그만큼 인기가 있었다는 것을 알 수 있다.

전제前祭에도 일찍이 순서가 정해져 있는 야마보코가 있는데 선두에 서는 나기나타보코長刀鉾와 후미를 맡는 후나보코船鉾이다. 나기나타보코는 제액除厄의 의미가 강하게 남아 있다. 야마보코의 호코鉾(장식용 창-역주)는 역병과 재액을 쫓는 기온 어령회의 근간으로 조토쿠 4년(998) 교토의 승려 무코쓰无骨가 다이조에大嘗숲(천황의 즉위 후 처음으로 거행하는 제례-역주) 당시 지방관들이 서는 위치를 표시하기 위해 세운 산 모양의 시메야마標山를 본떠 만든 것이 시작이라고 한다. 요컨대 기온 마쓰리의 여흥으로 즐기던 것이었다. 물론 거기에도 각 마치의 평안을 기원하고 신령을 맞이하는 소나무를 심었다. 오늘날 전해지는 야마보코는 신앙적인 내용 외에도 전설을 소재로 한 것들이 많다. 대개 요곡謠曲(노가쿠의 대본에 가락을 붙인 노래-역주)의 소재를 구현한 것을 보면 마치슈들이 얼마나 노能를 사랑하고 요곡을 즐겼는지 그들의 교양적 측면을 유감없이 보여주는 사례이다.

야마보코는 우지코氏子(같은 씨족 신을 모시는 사람들의 거주지-역주) 구역을 차례로 순행한다. 전제前祭와 후제後祭로 나뉘는 기온 마쓰리는 전제인 7월 17일 각각의 호코마치鉾町(각 마치의 야마보코가 출발하는 지점-역주)를 출발한 야마보코는 4조 대로를 데라마치까지 진행해 남쪽으로 꺾어 마쓰바라에 다다르면 다시 서쪽으로 신마치까지 진행해 각자의 호코마치로 돌아간다. 24일의 후제는 3조 대로를 데라마치까지 진행해 남쪽으로 꺾어 4조 데라마치에 다다르면 다시 서쪽으로 신마치까지 진행해 각자의 호코마치로 돌아간다. 야마보코는 마치마다 지마키茅粽라고 하는 억새 다발을 나눠주며 시민의 제액을 기원했다. 쇼와 33년(1958) 전제의 순행로는 4조 데라마치에서 북쪽으로 올라가 오이케 대로를 지나게 되었다. '신앙이냐, 관광이냐'라는 논쟁이 일면서 교토시가 관광정책을 더욱 강조하게 된 전기가 되었다. 이런 변경도 주민들의 의지라면 어쩔 수 없는 시대의 흐름일 것이다.

교토의 중심도 교토의 발전에 따라 옮겨지곤 했다. 록카쿠도를 교토의 배꼽으로 인식하기 전에는 황실의 궁궐을 교토의 중심으로 생각하던 때도 있었을 것이다. 모모야마 시대부터 에도 시대까지는 마치의 중심을 4조 무로마치라고 생각했다. 그 네거리에 서면 동으로 간코函谷, 서로는 쓰키月, 남으로는 니와토리鷄, 북으로는 기쿠스이菊水의 네 야마보코를 한 번에 볼 수 있다. 교토의 마치에서 오직 한 곳뿐이다. 이곳은 예부터 '호코노쓰지鉾の辻'라는 애칭으로 불렸다. 이 네거리를 조금 올라가면 에비스도와 다이고쿠암 터와 노가쿠 극장인 곤고노가쿠도金剛能樂堂(금강능락당)가 있다. 마치슈들이 교양이 무엇이었는지를 그대로 보여주는 듯하다.

지금은 많이 줄었지만 야마보코 순행의 전날 밤이면 호코마치의 상점 앞에 병풍을 장식하고 돗자리 위에서 쉬고 있는 가족들의 모습을 볼 수 있다. 요시이 이사무吉井勇가

'소타쓰의 병풍을 장식한 호코마치를 이리저리 걷는 교토의 전야'라고 노래한 즐거운 풍경이다. 그런 호코마치에 우라데야마占出山가 빠질 수 없다. 지마키를 파는 마치의 어린아이들의 노랫소리를 그냥 지나칠 수 없을 것이다.

　　순산 부적 팔아요

　　평소에는 없어요 오늘 밤에만 팔아요

　　신심 깊은 부인들 가져가세요

　　양초 한 자루 바치세요

　길을 가득 메운 인파 사이로 불을 밝힌 등롱을 줄줄이 단 야마보코가 보이기 시작하면 그 위에서 들려오는 기온바야시祇園囃子(피리, 북, 징 등으로 흥을 돋우는 반주 음악-역주) 소리가 오늘밤을 더욱 생생하게 각인시킨다.

　교토는 7월 한 달을 기온 마쓰리로 보낸다. 그 무렵이 여름의 절정이다. 8월이면 로쿠도를 찾는 참배객들로 떠들썩하다 조상의 혼백을 맞이하는 큰 대大자의 횃불이 타오르고 지장 신앙에서 생겨난 지조본地蔵盆(지장분)도 열린다. 큰 대 자로 타오르는 횃불은 백중날 조상의 혼백을 맞이하기 위해 피우는 불로 쇼군 아시카가 요시마사 때 시작되었다는 말도 있고 공경 고노에 노부타다의 필적이라는 설도 있다. 기원은 확실치 않지만 당시의 마치슈와 근교 농민들에 의해 타오른 횃불은 오늘날에도 그 명맥을 이어가고 있다. 큰 대 자와 함께 마쓰가사키松ヶ崎에서는 묘법妙法이라고 쓰인 횃불이 타오른다. 그곳에는 엔랴쿠지 3,000방 중 하나였다고 하는 간키지歡喜寺(환희사)가 니치렌의 제자 니치조日像의 포교로 법화종으로 개종해 사호를 묘센지妙泉寺(묘천사)로 바꾸고 후에 닛쇼日生 상인이 법화종 최초의 단림檀林인 호유지法涌寺(법용사)를 운영했다는 역사가 있다(현재는 묘센지와 호유지가 합쳐져 류센지龍泉寺(용천사)로 불린다). 또 배 모양으로 타오르는 횃불은 단순히 정령 배 精靈舟(제물이나 등롱을 실어 띄우는 작은 배-역주)를 의미하는 것이 아닌 당시 마치슈들의 대외 무역에 대한 강한 바람과 완강한 쇄국정책 사이에서 횃불을 지펴온 그들의 의지를 말해주는 듯하다. 기온 마쓰리가 그렇듯 큰 대 자, 묘법, 배 모양의 횃불은 모두 오닌의 난 이후 마치슈들의 단결을 상징한다. 기온 마쓰리가 한여름 무더위 속에서 열리는 동적인 민중의 시위라면, 큰 대 자로 타오르는 횃불은 가을밤을 장식하는 정적인 시위이다. 또 기온 마쓰리가 시모교의 힘을 상징한다면, 큰 대 자로 타오르는 횃불은 가미교를 대표한다고 볼 수 있다. 8월 23일과 24일에 열리는 지조본은 온전히 어린아이들의 백중날 행사이다. 마치슈로서의 연대감을 어릴 때부터 길러왔다. 이른바 교토의 마치에서 이뤄지는 사회 교육의 장이라고 해도 과언이 아니다. 마치 입구를 장식하는 큰 제등과 처마 끝에 매단 작은 등롱에 직접 글을 쓰고 그림을 그려넣으며 추억을 만들어 갈 것이다.

마치 구석구석을 걷다 다시 호코노쓰지로 돌아오면 그 곳은 단지 마쓰리의 중심인 것만이 아니다. 과연 4조 무로마치는 교토의 중심이었다. 오닌·분메이의 난 무렵부터 교토의 경비를 맡은 4좌四座의 관리 조시키雜色들이 4조 무로마치의 네거리를 기준으로 교토를 사방으로 나누었던 것을 보아도 알 수 있다. 『잡색요록雜色要錄』에 따르면 가마쿠라 시대에 처음 생겼다는 이 조시키가家는 무로마치 시대 초기에는 오기노, 이가라시 둘뿐이었지만 쇼군 아시카가 요시마사 때 마쓰오, 마쓰무라의 두 가문이 더해져 4좌가 되었다. 그리하여 이가라시 씨는 이누이의 52

초町·64무라村, 마쓰무라 씨는 히쓰지사루의 35초·95무라, 마쓰오 씨는 다쓰미의 85초·168무라, 오기노 씨는 우시토라의 39초·46무라를 분담해 지배하게 되었다고 한다. 관내의 포고문 전달, 종문의 감찰, 소송의 상달 등을 맡아 법정에서 검사관을 보좌하고 쇼군 수행, 황족·섭관가의 경호, 기온 마쓰리의 경비에 이르기까지 다양한 방면에 종사했다. 그들은 교토의 지조地租(토지에 부과하는 수익세-역주)를 급여로 받았다. 도요토미 씨 이후에는 사이인무라西院村에 봉토를 하사받은 것 외에도 기온 마쓰리의 지구치센에서 급여를 받았다고도 한다. 말하자면 막부와 마치 모두에 소속된 조직이었다. 이 같은 경찰권 분담이 4조 무라마치를 중심으로 이루어졌다는 것이야말로 이곳이 중·근세를 관통하는 교토의 중심이었다는 사실을 말해준다.

나다자케와 경쟁하는 후시미의 양조장

제11장
교토에 부는 새로운 바람
— 후시미 —

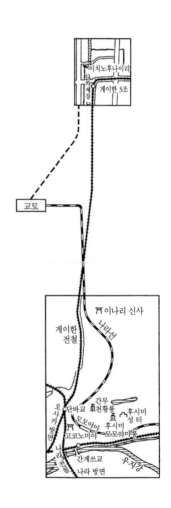

소교토

　일본 곳곳에는 소교토小京都라고 불리는 지역이 있다. 스오 지방의 야마구치가 그 대표 격으로 바로 옆에 있는 이와미 지방의 쓰와노, 동으로는 히다 지방의 다카야마, 남으로는 도사 지방의 나카무라 등이 특히 유명하다. 이들 지역이 소교토라 불리게 된 이유가 무엇일까. 가장 먼저 떠오르는 것은 '산자수명'의 자연환경이다. 먼저 히에이산에 해당하는 산과 가모강에 비견되는 강이 있으면 교

전통의 마치 쓰와노의 백로 춤. 니시 아마네西周와 모리 오가이森鷗外도 이곳 출신이다.

토의 명승지가 따라온다. 이와미 지방의 쓰와노에는 마루야마 공원과 나루타키 폭포가 있다. 이나리 신사에는 교토 이나리산과 같은 붉은 도리이가 끝없이 이어진 터널이 있고, 야사카弥栄 신사에는 기온 마쓰리의 오랜 전통인 백로 춤이 전해진다. 하지만 당시의 실상은 왕성의 땅인 교토의 풍격을 배워 영지領地 지배의 권위를 세우려던 것이었다.

대표적인 소교토 야마구치도 산천의 수려한 경관과 함께 기온을 옮겨왔다. 야마구치의 야사카八坂 신사는 남북조 시대인 오안 2년(1369)에 오우치 히로요大内弘世가 교토에서 권청해온 신사로 지금은 다른 곳으로 옮겨졌지만 에이쇼 17년(1520) 미요시 요시오키三好 義興 때 세워진 신전이 현지로 옮겨져 중요문화재로 지정되었다. 아마 그 무렵부터 교토에서 가져온 백로 순행이 시작되었을 것이다. 조금 더 설명을 덧붙이면, 교토 기온 마쓰리 때 순행하는 야마보코 중에 가사사기보코笠鷺鉾라는 것이 있었다.

남북조 무렵에 쓰인 『척소왕래尺素往来』라는 문헌에도 등장하는 이 야마보코는 에도 시대 초에 소실되어 지금은 전해지지 않는다. 그림을 통해서만 그 모습을 확인할 수 있는데 홍예다리 위에서 우산을 받치고 선 백로 장식을 한 후류가사風流傘(화려하게 장식한 우산-역주) 아래 백로 두 마리가 춤추는 모습이다. 주위에는 에보시烏帽子(남성들이 쓰던 전통 갓의 일종-역주), 하카마袴(통이 넓은 하의-역주) 차림의 남자들이 북, 피리, 징, 갈고羯鼓(장고와 비슷한 타악기-역주) 등을 연주하는 모습이 그려져 있는 것으로 보아 백로 두 마리는 이들의 장단에 맞춰 행진했을 것이다. 이런 식으로 추측하는 것 말고는 백로 춤의 음악이나 동작을 복원할 방법이 없다고 여겼는데, 쓰와노의 야사카 신사에 전통적인 백로 춤이 전승되고 있다는 것을 알게 되었다. 게다가 그 백로 춤은 일찍이 야마구치의 야사카 신사에 전승되었다가 당시 이와미의 영주 요시미 마사요리에 의해 덴분 11년(1542) 6월 야마구치에서 쓰와노로 옮겨갔다. 이는 야마구치의 대영지 중심의 지배에서 이와미라는 지방 지배 체제로 옮겨가면서 소교토가 더 작은 교토를 탄생시킨 현상으로 이해할 수 있다. 쓰와노에 전승된 백로 춤은 덴쇼 말기부터 점차 쇠퇴하기 시작해 사카자키 데와노카미坂崎出羽守가 입성할 무렵 일단 중지되었다. 이후 가메이亀井 씨가 쓰와노를 지배하게 되면서 모든 양식을 복원하고 3대 영주 가메이 고레마사 시대에는 간에이 20년(1643) 직접 교토에 사람을 보내 기온 마쓰리의 백로 춤을 전수받아 이듬해부터 현재에 이르기까지 그 양식을 계승한 백로 춤을 선보이고 있다. 야사카 신사에서는 매년 7월 20일의 신여神輿 행차와 27일 신여의 환궁 때에 공양하는 백로 춤을 마치 곳곳에서 선보였다고 한다.

다리 위에 내려앉은 저 새는 무슨 새
백로다, 백로
백로가 앉았다
백로가 다리를 건넜다
백로가 다리를 건넜다
가을비에 젖어 다리를 거닌다

쓰와노에는 교토와 야마구치에도 남아 있지 않은 백로 춤의 안무는 물론 노래까지 전해지고 있다. 이 행사는 쓰와노 마치의 상·수공업자 조합 12곳의 주민들이 매년 교대로 담당한다. 백로는 신여 행차 때 그해 당번을 맡은 상가를 출발해 가마를 수행한 후 다시 돌아와 환궁 날을 기다린다. 모든 행사를 마치면 다음 해 당번을 맡은 상가로 날아간다. 이런 식으로 12곳의 상가를 순회한다. 쓰와노에서 상업에 종사하며 야사카 신사의 제례를 담당하는 이들 조합은 영주의 보호를 받는 특권 상인으로서 제례 당일의 자반고등어 헌상과 백로 춤 봉납을 통해 그런 특권을 유지했다. 그리고 본래는 이 조합의 주민들이 직접 백로 춤을 선보여야 하지만 비용과 운영만 맡고 백로 춤 봉납은 특정 지역 사람들에게 위탁했다. 그리하여 백로 춤은 300년이 넘는 오랜 역사를 거슬러 또다시 야마구치로 전해졌다. 쓰와노를 거쳐 야마구치에서 부활한 백로 춤은 쇼와 30년(1955)부터 교토 기온 마쓰리의 신여 행차를 수행하게 되었다.

이처럼 교토와 교토의 풍물은 지방 영지의 조카마치城下町(영주의 성을 중심으로 발달한 도읍-역주)로 전파되었다. '낙중낙외도洛中洛外図'와 같은 병풍들도 구舊산조가家에서 소장한 병풍은 어소와 막부를 좌우로 대비시키고, 구舊후나키가가 소장한 병풍은 니조조二条城와 대불전을 대비시켜 낙중, 낙외의 마치슈들의 생활상을 그렸다. 병풍이 제작된 시대의 교토의 중심적 존재를 알려주는 이런 소재는 지방 영주들에게 특히 인기가 있었다. 그 무렵 교토의 문화는 렌가連歌 시인이나 설화物語 낭송가들을 따라 전국으로 퍼지고 지방의 문물도 잇따라 교토로 들어왔다. 근세 초기의 무용극 가부키오도리歌舞伎踊의 가사에도 등장하는 '히다飛驒의 춤', '이나바因幡 춤' 등이 교토의 마치에 흥취를 더했다. 하지만 교토로 들어온 것이 지방의 문물만은 아니었다.

오다 노부나가에 이어 도요토미 히데요시가 천하를 통일하자 오랜 역사를 지닌 교토에 먼저 주라쿠다이聚楽第(취락제)로 알려진 성곽을 쌓고 후시미성 건설에 착수했다. 이것은 과거 원정 시대에 이마쿠마노今熊野나 이마히에今日吉 그리고 이마이세今伊勢의 신앙을 교토로 가져온 것과 달리 교토 자체의 변질을 의미했다. 이 고대의 도시는 새로운 지배자에 의한 이른바 제후의 성을 중심으로 한 조카마치화를 어떻게 받아들였을까. 결국 천하통일의 대大 조카마치는 에도에 건설되지만, 교토 후시미에도 조카마치가 형성되는 것으로 타협했다고 할 수 있다.

오랜 교토가 소교토로서 지방에 퍼지는 동시에 새로운 조카마치가 교토를 침입했다. 중세에서 근세로 이동하는 사회적 변동은 교토를 피해가지 않았다.

모모야마의 꿈

후시미성 건설 전 도요토미 히데요시는 교토에서 세 가지 큰 정책을 강행했다. 이것은 어떤 의미에서 교토의 봉건도시로의 개조 즉, 제후의 성을 중심으로 한 조카마치화를 시도한 것이다.

주라쿠다이의 호화로운 유구는 히운카쿠飛雲閣와 니조조二条城로 옮겨져 모모야마 건축의 기지를 보여준다.

교토는 이미 전제 지배자에 의한 쓰라린 경험을 한 바 있다. 에이로쿠 11년(1568) 9월 오다 노부나가가 교토에 입성했을 때 교토의 백성들은 이전의 쇼군을 대신한 관령 호소카와와 그 가신 미요시 나가요시, 또 그의 가신인 미요시3인(미요시 나가야스, 미요시 소이, 이와나리 토모미치)과 마쓰나가 히사히데 등의 지배와 완전히 다른 감각을 느꼈다. 새로운 시대의 도래에 대한 기대감과 두려움이 교차했다. 오다 노부나가의 입경 당시를 기록한 문헌에 '온 교토가 술렁였다'는 대목은 그런 백성들의 동요를 보여주는 듯하다.

이어지는 에이로쿠 13년(1570) 3월 다시 교토에 입경할 때는 가미·시모교의 마치 한 곳당 5명의 주민들이 환영 행사에 동원되었다. 급기야 겐키 4년(1573) 오다 노부나가는 가미·시모교에 도시의 경비와 안전을 보장하는 대가를 요구했다. 그리고 이를 거부한 가미교를 지체 없이 공격했다. 가미교는 공가나 무가의 저택이 많고 전통적 기풍이 강한 데 반해 시모교는 상·수공업자들의 거주지로 신흥도시로서의 분위기가 있고 경제적으로도 버틸 수 있었을 것이다. 하지만 이런 전제 지배자 앞에서는 마치슈들도 무력할 수밖에 없었다. 그런 오다 노부나가를 혼노지本能寺

(본능사)에서 쓰러뜨리고 마치의 토지세를 면해준 아케치 미쓰히데明智光秀의 덕을 기리고 그의 명복을 빌기 위해 마치마다 지장보살을 모셨다는 전승에서도 당시 마치슈들의 저항정신이 느껴진다. 노부나가와 달리 교토 부흥에 힘을 쏟고 마치슈들의 경제력에도 주목한 도요토미 히데요시는 탄압정책 대신 고토後藤, 스미노쿠라角倉, 차야茶屋 등의 거상과 협력하고 이들을 정권의 지지 세력으로 삼았다. 하지만 그의 주요 정책은 역시 봉건도시로서의 교토 개조였다.

첫 번째 정책은 덴쇼 18년(1590) 헤이안쿄의 규모를 바탕으로 마치의 구획을 정리하고 데라마치·다카쿠라 간, 호리카와 이서, 오시코지 이남 지역에는 반 정町마다 남북으로 도로를 내고 직사각형의 새로운 구획정리를 단행했다. 나는 이 구획정리의 다른 일면을 들여다볼 필요가 있다고 본다. 즉, 다카쿠라·호리카와 사이는 시모교의 옛 모습을 끝까지 고수했다는 것이다. 이 구역은 4조 무로마치를 중심으로 한 기온 마쓰리의 호코마치이다. 호코마치의 군은 연대가 히데요시의 정책에 예외를 두게 한 것이다.

두 번째 정책은 시내에 흩어져 있는 사찰을 교토의 동

쪽 끝과 오미야 대로의 서쪽 일대에 집중시켜 데라마치寺
町와 데라노우치寺之內라 칭한 것이다. 지금은 많은 절들
이 사라지거나 자리를 옮기면서 상점가로 바뀌고 본산 경
내에는 철근으로 지어진 회관이 들어서는 시대가 되었다.
하지만 과거 이 일대를 데라마치로 조성한 권력은 중세의
종교적 권위에 맞섰을 만큼 절대적이었다. 특히 법화종의
본산이 주로 이곳에 집중된 것은 법화종 봉기의 역사 때문
일 것이다. 이 절들은 교토 방어의 성채 역할을 했다고 해
도 과언이 아니다.

토담 복원도. 근대의 도시계획에는 토담도 방해물 신세. 사적 보존의 필요
성이 시급하다. 니시다 나오지로 박사 〈교토 사적 연구〉 소장도.

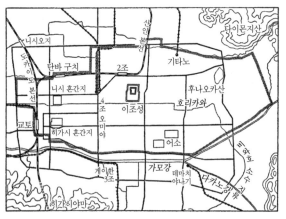

세 번째 정책은 이듬해인 덴쇼 19년(1591) 총 5리 26정(약 23km)에 이르는 토담을 사방에 두르고 외부와의 교통은 교토의 7입구라고 불린 아와타, 구라마, 단바 등의 일곱 곳으로만 제한한 것이다. 헤이안쿄에는 라조몬羅城門(나성문)은 있었지만 결국 나성은 쌓지 못했는데 도요토미 히데요시가 그것을 실현했다. 동으로는 가모강, 북으로는 다카가미네, 서로는 가미야강, 남으로는 9조에 이르는 이 나성을 통해 교토의 규모를 새롭게 구획했다. 지금도 기타노 신사 서쪽과 가미야강 부근에서 그 터를 찾아볼 수 있다(그 밖에도 가와라마치 히로코지 부근, 다카가미네에도 터가 남아 있다).

이렇게 토담을 두르고 보면 당시 교토의 중심이 어디였는지 새삼 확인하고 싶어진다. 물론 히데요시의 입장에서는 새로 지은 취락제를 중심으로 한 기획이 아니었을까. 그런 취락제도 도요토미 히데쓰구의 모반 사건을 발단으로 파괴되고 니시 혼간지 히운카쿠飛雲閣(비운각)에 당시의 유구가 일부 남아 있을 뿐이다.

그러자 히데요시는 이번에는 후시미에 또다시 봉건도시를 세우려는 의욕을 불태웠다. 후시미는 교토를 대신해 히데요시 앞에 놓인 희생양이었다. 한편으로는 히데요시가 있었기에 최초로 후시미가 역사의 무대에 등장할 수 있었다고도 할 수 있다.

가부키오도리歌舞伎踊의 '고와타木幡 산길에 해가 저물면 둥근 달을 후시미의 풀베개 삼노라'는 가사처럼 후시미伏見는 예부터 이름난 명소였지만 교통이 빈번한 지역은 아니었다. 예컨대 서쪽 지방으로 가는 육로는 가모강과 가쓰라강을 따라 야마자키로 통하고, 야마토 지방으로 가는 길은 후카쿠사에서 고개를 넘는 것이 보통이었다. 수로 역시 요도강을 거슬러 올라가면 도바에 닿기 때문에 후시미와는 멀어졌다. 중세에 귀족의 별장이 지어지긴 했지만 그 이상 발전하지는 못하고 모처럼 들어선 민가도 오닌의 난으로 불타버렸다. 분로쿠 3년(1594) 정월 도요토미 히데요시의 축성이 계획되기 전까지는 거의 중요시되지 않았던 곳이다.

히데요시는 철저한 토지 개조와 성곽 건설을 계획했다. 언덕과 연못을 과감하게 방어체제 안에 끌어들이고 우지강에 제방을 만들어 육상, 수상 모두 교통의 요충지로서 지위를 확고히 했다. 천하를 통일한 도요토미 히데요시의 실력이 여기에서도 유감없이 발휘되었다. 머지않아 후시미는 장대한 조카마치와 우수한 항구도시로 탈바꿈해 다이묘들의 저택이 들어서고 상인들이 모여들었다. 지금도 후시미에는 모리 나가토, 나가오카 엣추, 쓰쓰이 이가, 하시바 조키치와 같은 가신의 이름을 딴 마치가 남아 있는 한편 조카마치다운 상·수공업 마치가 많다. 하지만 그 생명은 히데요시의 운명과 마찬가지로 고작 3년이었다. 도요토미 히데요시는 '난바의 영화여, 꿈속의 꿈이로다'라는 절명시를 남겼다. 히데요시가 세상을 떠난 후 도쿠가와 이에야스의 지배하에서 지진과 전화 등의 불운을 겪다 결국 겐나 9년(1623) 허물어졌다. 후시미도 꿈속의 꿈처럼 사라진 것이다. 그리고 언젠가부터 복숭아밭으로 변한 그 터를 '모모야마桃山(복숭아산-역주)'라고 부르게 되었다. 도요토미 히데요시도 알지 못했던 향기로운 봄꿈과 같은 이름이다. 도요토미 히데요시 시대의 문화적 소산을 모모야마 문화라고 부르게 된 것은 황폐한 성터에서 화려했던 옛 명성을 그리는 마음도 있었겠지만, 당시의 호화로운 양식에 걸맞은 명칭이라고 생각한다.

후시미성은 사라졌지만 모모야마 문화가 오늘날에도 웅장하고 화려한 모습을 간직하고 있는 것은 성의 유구가 그대로 유서 깊은 교토의 사사寺社로 옮겨졌기 때문이다. 그것은 전란으로 소중한 왕조의 보물을 잃은 교토의 마치 곳곳에 보석함을 흩뿌린 것과 같았다. 모모야마 문화의 기조를 이루는 것은 다름 아닌 황금이다. 그것은 가이, 사도, 이와미 지방의 금은 광산 개발과 함께 교토, 사카이, 하카타의 거상들이 떠받쳐온 정권의 월등한 경제력을 보여준다. 따라서 모모야마 시대의 유산은 단순히 도요토미 히데요시라는 권력자의 힘만이 아니라 상층 마치슈로

모모야마의 꿈을 고스란히 간직한 니시 혼간지 당문. 이 절에는 후시미성의 유구가 특히 많이 남아 있다.

서 거상들의 힘이 크게 작용하면서 탄생한 것이었다. 그래서인지 당시의 화려한 유산은 마치 안에 조화롭게 녹아 있다. 도요토미 히데요시의 사후 호코쿠뵤豊国廟(풍국묘)를 세우면서 후시미성의 당문唐門(현 니시 혼간지 당문)을 옮겨온 것을 시작으로 후시미와 인연이 깊은 고코노미야御香宮(어향궁)에도 성문을 이축하고 성이 허물어진 후에는 전각을 니조조와 니시 혼간지 등으로 잇따라 옮겼다. 교토 곳곳에서 모모야마의 꿈의 자취를 여전히 만나볼 수 있는 것이다. 니시 혼간지에는 후시미성의 대서원과 함께 노能 무대도 옮겨졌다. 지금도 그 무대에서 노 공연을 즐길 수 있다.

다카세강

도쿠가와 이에야스가 정권을 장악하고 에도에 막부를 열면서 후시미는 쇠퇴하고 정권도 교토를 떠났다. 하지만 후시미의 교통·상업상의 지위는 결코 쇠퇴하지 않았다. 양조의 마치로 떠오르면서 양조장이 속속 들어서고 산업 면에서도 주목받았다. 후시미는 정치와 멀어진 교토의 미래에 꼭 필요한 존재였다. 그리하여 항구도시로서의 가치를 인정받은 후시미와 교토를 연결해 오사카와 교토를 뱃길로 잇는 구상이 탄생했다. 그것은 아마도 당시 마치슈들의 공통된 지혜였을 것이다. 도쿄 천도로 교토의 시민들이 비와호湖 소수疏水 계획을 통해 새로운 번영을 모색한 것과 마찬가지이다.

이 대규모 사업을 맡은 것은 스미노쿠라 료이角倉了以였다. 스미노쿠라 씨는 오미국 사사키 씨의 일족으로 본래의 성은 요시다였다. 선조 요시다 도쿠순이 교토로 와 아

교토와 후시미를 잇는 다카세강과 배가 출항했던 제1정박장. 스미노쿠라의 저택은 방직소로 바뀌었다.

260

시카가 요시미쓰, 요시모치를 섬기며 의술을 펼쳤다. 은 퇴 후 사가에 정착해 2대 요시다 소린 때부터 금융업을 겸 한 창고업에 종사하며 스미노쿠라라고 칭하게 되었다. 사 가의 스미노쿠라가 상업적으로 성공한 것은 3대 요시다 소추 때였다. 소추에게는 아들이 둘 있었는데 장자인 요 시다 고지가 일찍 세상을 떠나면서 차남 요시다 소케이가 뒤를 이었다. 소케이는 덴분 8년(1539)과 16년(1543) 덴류지 天竜寺(천룡사)의 승려 사쿠겐을 따라 명나라로 건너가 본래 의 가업인 의학을 배우고 명 세종의 병을 고치는 등 이역 에까지 이름을 알린 명의였다. 료이는 이 소케이의 장자 로 태어났다. 그는 의술은 동생 소준에게 양보하고 오로 지 창고 경영에 전념했다. 그 무렵 사가의 창고는 같은 일 족 서너 명이 연쇄적으로 경영하고 있었다. 료이는 숙부 요시다 고지의 적자 요시다 에이카의 딸을 아내로 맞아 연 쇄 경영의 중심이 되었다. 그리고 그 자본을 바탕으로 안 남국(베트남) 무역에도 진출했다. 분로쿠 원년(1592) 도요토 미 히데요시 시대에는 차야 시로지로茶屋四郎次郎, 후시미 야伏見屋의 두 가문과 나란히 무역선을 소유했다. 후시미 야의 실체는 확실히 밝혀지지 않았지만 아마도 후시미의 항구도시에 진출한 교토의 유력 상인이었을 것이다.

게이초 9년(1604) 스미노쿠라 가문은 토목 사업 및 경영에 두각을 드러냈다. 도요토미의 시대가 끝나고 바로 전년에 에도 막부가 세워진 것을 생각하면 새로운 시대의 교토의 번영과도 관련이 깊은 사업이었을 것이다. 그는 오랫동안 사가에 살면서 단바와 야마시로의 교통이 얼마나 불편하며 미곡, 목재 등 야마시로가 단바에 요청하는 물자가 얼마나 풍부한지를 잘 알고 있었기 때문에 험난한 산길 대신 오이강의 수로를 내기로 계획했다. 이듬해 그는 장자 요이치를 에도로 보내 막부의 허가를 받고 게이초 11년(1606) 3월 수로 공사에 착수해 불과 반 년 만에 공사를 마쳤다. 그리하여 단바국 후나이군 세키무라부터 야기, 호즈를 거쳐 사가까지 최초로 거룻배가 왕래하게 되었다. 당연히 통항료나 창고료 수익에도 주목했을 것이다. 이 성공으로 막부는 게이초 12년(1607) 후지강과 덴류강의 수로 공사 등을 잇따라 명령했을 정도였다.

이듬해 14년 정월 교토 호코지方広寺(방광사)의 대불전 재건이 시작되자 료이는 거목 운반의 편의를 위해 가모강에 수로를 건설하기로 계획했다. 호코지 대불전은 게이초 15

년(1610) 6월 건물을 짓기 전 처음 목재를 베는 오노 하지메斧始め 의식을 하고 이듬해 가을 거의 완성되었는데, 이 때 이미 3조교 아래까지 수로가 뻗어 있었다고 한다. 그 해 11월 요시다 요이치는 슨푸駿府(지금의 시즈오카)에 이르 렀다. 『슨푸기駿府記』에는 '교토의 스미노쿠라 요이치가 왔 다. 마침내 대불전이 완성되어 지붕을 올렸다. 요도강과 도바의 배들이 3조교 아래까지 닿았다. 이는 요이치의 부 친 료이가 물길을 내고 강물을 가득 채워 완성했다'는 기 록이 있다. 이처럼 대불전의 목재 운반을 계기로 만든 수 로를 통해 교토의 3조와 요도강과 도바를 잇고 오사카까 지 연결했다는 점에서 이 사업의 의의가 있다. 하지만 료 이는 가모강의 수로 공사만으로는 만족하지 못했던 것 같 다. 가모강과 같이 흐름이 일정치 않고 범람이 잦은 하천 에서 대불전 재건을 계기로 급하게 만든 수로는 영구적인 시설로 기대할 수 없었기 때문이다.

그리하여 게이초 16년(1611) 또다시 막부의 허가를 얻어 가모강과 나란히 가모강의 물길을 끌어와 교토의 2조부터 후시미에 이르는 다카세강 운하 건설에 착수했다. 먼저 2 조의 고리키마치(지금의 기야마치)를 기점으로 히가시 9조 무라의 서남쪽에서 가모강과 만나는 수로를 만들고, 가모강과 다카세강의 합류 지점부터 가모강을 가로질러 다케다 무라를 통과해 후시미에서 요도강으로 유입되는 수로를 만들었다. 이렇게 다카세강은 두 개의 수로로 나뉜다. 두 수로의 완성으로 오사카에서 오는 배는 도바를 우회하지 않고 후시미에서 직접 교토 시내로 갈 수 있게 되었다. 강바닥은 전체적으로 수평을 유지해 선박 운행이 용이했다. 료이는 전 수역의 대지를 모두 자비로 사들이고 강바닥을 제외한 양쪽 강가에 해당하는 연공도 상납했다. 총 공사비용이 7만5,000냥에 달했다고 한다. 이를 모두 본인이 부담한 것이다. 이렇게 완성된 수로는 매년 9월부터 4월 중순까지 교토와 오사카를 오가는 선박이 가장 많을 때가 총 159척(1척이 파선해 허가를 받지 못했다)이었다고 한다. 통항료는 한 척당 1회에 2관500문을 받았는데 그중 1관문은 막부에 바치고 250문은 선박 가공비로 지불해 1관250문의 소득을 얻었다. 해마다 오가는 선박의 수를 생각하면 그야말로 막대한 수입이다. 그뿐 아니라 다카세강의 개통과 함께 교토 중심부에 우치하마內浜, 요네하마米浜, 기쿠하마菊浜, 도미하마富浜와 같은 선착장이 생기면서 또다시 많은 수익이 발생하게 되었다. 기야마치木屋町에는 글자 그대로 목재, 땔감, 쌀 도매상이 들어섰다. 교토에 생각지도 못한 새로운 바람이 불어온 것이다.

이제 그 소임을 다하고 유유히 흐르는 다카세강을 따라 기야마치의 아름다운 버드나무 길을 종종 걷곤 한다. 2조에 있는 스미노쿠라 저택은 메이지 시대에 방직소로 바뀌었지만 지금도 옛 모습을 그대로 간직한 제1정박장一之船入이 왕년의 번영을 말해준다. 3조에는 료이가 세운 지슈산의 즈이센지瑞泉寺(서천사)가 있다. 분로쿠 4년(1595) 3조 가와라에서 처형된 도요토미 히데쓰구와 그의 처첩과 자녀들의 명복을 빌었던 곳이다. 즈이센지에는 도요토미 히데쓰구의 처첩들이 남긴 절명시와 사가 다이히카쿠大悲閣 (대비각)에 있는 것과 같은 형태의 료이의 목상이 남아 있다. 료이의 커다란 업적과 함께 그의 너그러운 성품을 엿볼 수 있다.

불야성을 이루는 시마바라의 대문

제12장
간에이 문화인의 자취
—시마바라—

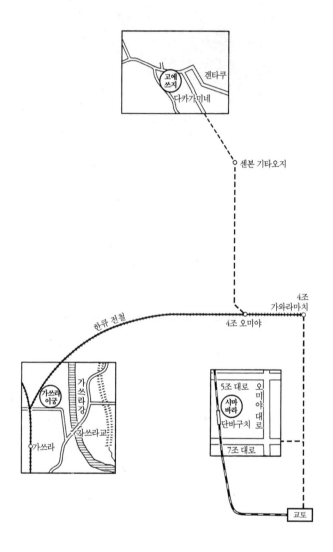

사가본

스미노쿠라 료이의 장자 요이치, 스미노쿠라 소안角倉素庵은 료이의 안남국(베트남) 무역과 수로 개발 사업을 도와 그 뒤를 이었을 뿐 아니라 학문과 예능에도 뜨거운 열정을 가지고 있었다.

덴쇼 16년(1588) 18세의 소안은 쇼코쿠지相国寺(상국사) 승려 후지와라 세이카藤原惺窩를 찾아가 유학을 배웠다. 게이초 9년(1604) 교토에서 『논어집주』를 강의하던 하야시

시마바라의 오랜 역사 속에서 와치가이야는 유녀遊女들의 자취를 간직하고 있다.

라잔林羅山과 친분을 맺고 라잔을 세이카에게 소개해 일본 유학의 양대 산맥인 두 사람을 만나게 한 것도 소안이다. 하야시 라잔은 소안을 스승처럼 모셨다. 게이초 19년(1614)의 봄 막부를 섬기던 라잔이 금좌金座(금화를 만들던 관청-역주)를 담당하던 고토 쇼자부로와 힘을 모아 교토에 학교를 설립하고 세이카를 학장에 앉히려는 계획을 세웠다. 이때 학교 설립에 관련한 모든 사무를 담당한 것도 소안이었다. 이 계획은 결국 실현되지 못했지만 소안은 학교 부지를 확보하기 위해 동분서주했다. 교토를 학문의 도시로 만들려는 그의 열정을 보여주는 일화이다. 그는 유학뿐 아니라 일본 문헌에도 풍부한 지식을 가지고 있었다. 시와 서예 솜씨도 뛰어났다. 소안의 서예 스승은 혼아미 고에쓰本阿弥光悦로 후에 그는 고에쓰 유파의 일인자로 불렸다. 당시 고에쓰는 고노에 노부타다, 쇼카도 쇼조와 함께 간에이 시대의 3대 명필로 칭송받았는데 노부타다 대신 소안을 더해 낙하洛下의 3대 명필로 칭하기도 했다. 소안과 고에쓰는 사제 관계를 뛰어넘는 각별한 사이였다고 한다.

사가본嵯峨本은 소안을 중심으로 한 교우 관계 속에서 탄생했다. 왕조 이래 출판의 역사는 경전이나 엔기縁起(신사나 절의 유래를 기록한 책-역주)와 같은 불교의 틀 안에 갇혀 있었지만, 중세가 끝나자마자 봇물 터지듯 다양한 출판물이 나오기 시작했다. 특히 조선에서 들어온 인쇄 기술이 그런 경향에 더욱 박차를 가했을 것이다. 당시의 출판물에는 세 가지 중심이 있었다는 것을 주의해야 한다. 첫 번째는 고요제이, 고미즈오 천황 시대의 칙판勅版(천황의 칙령으로 출간된 서적-역주)『니혼쇼키 진다이마키日本書紀神代巻』,『쇼쿠겐쇼職原抄』등이다. 두 번째는 도쿠가와 막부를 중심으로 출간된 후시미판伏見版, 스루가판駿河版이라고 불리는 『아즈마카가미吾妻鏡』,『조간세이요貞観政要』등이다. 마지막 세 번째가 사가본으로 불리는 스미노쿠라 소안을 중심으로 출간된 서적이다. 세 가지 출판물은 저마다 다른 특색을 지녔다. 칙판과 후시미판, 스루가판은 공가와 무가의 서로 다른 정치적 입장을 대변할 고전 문헌을 선택하고 있지만, 사가본은 폭넓은 교양적 관점에서 고전을 선택했다. 처음 간행된 것은 게이초 9년(1604)경에 출간된『사기史記』이다. 보통 사가본으로 불리는 것은 주로 일본 서적이 많고 판화가 함께 실려 있다는 점에서 주목할 만하다. 예컨대『이세모노가타리伊勢物語』와 같이 그림이 실려 있거나 『호조키方丈記』, 『간제류요쿄쿠観世流謡曲』와 같이 운모지雲母紙에 밑그림을 그린 것도 있다. 이런 사가본은 고에쓰가 직접 종이와 표장을 고안하고 소안과 고에쓰가 함께 밑글씨를 썼을 것으로 보인다. 또한 나카노인 미치카쓰와 같은 당대의 최고의 학자가 정본定本을 제공하고, 간제 고쿠세쓰 등과의 깊은 교우 관계가 서목 선정에 도움을 주었다. 사가본의 세계는 이런 사람들의 협력으로 탄생했다. 사가본은 교토의 마치슈들이 만든 가장 아름다운 예술품으로 후대의 인쇄 기술에도 중대한 영향을 미쳤다.

이렇게 소안을 통해 고에쓰에 대해 이야기했지만, 고에쓰야말로 교토의 역사가 낳은 가장 뛰어난 문화인이었다.

다이쿄안大虚庵(대허암)의 고에쓰가 뛰어난 서예가라는 것은 널리 알려졌지만, 타고난 재능과 풍류에 해박하고 한 번 배우고 들은 것은 잊지 않는 보기 드문 인물이다. 세상에는 성인과 현인의 길을 배운다면서 실은 처세의 도구로 삼는 사람들이 많다. 고에쓰는 평생 처세법을 알지 못했다.

『니기하히구사にぎはひ草』 중에서 사노 조에키佐野紹益가 자신의 수필집에서 고에쓰에 대해 평한 말이다. '처세법'

이란 바꿔 말하면 봉건사회의 현실을 받아들이고 권력에 순응해 살아가는 삶의 방식일 것이다. 고에쓰는 이런 현실을 적극적으로 부정하고 저항하진 않았지만 소극적으로 무시하고 도피했다고 할 수 있다. 그리고 그가 사귀었던 소안, 조에키, 차야 시로지로 등은 하나같이 예술에 대한 이해가 깊은 교토의 상층 마치슈들이었다. 고에쓰는 이런 환경 속에서 사가본의 간행을 마친 겐나 원년(1615) 혼아미 일족, 가미야 소지, 후데야 묘키 등과 함께 다카가미네鷹峰에 예술 마을을 만들었다. 그곳에는 차야 시로지로와 오가타 소하쿠도 방문했다. 주인선朱印船(해외 무역을 특허하는 주인장을 가진 무역선-역주) 무역을 이끌던 거상이며 교토 염직으로 유명한 가리가네야雁金屋의 주인도 다카가미네를 찾았다.

최근 연구에 따르면 다카가미네는 법화의 세계 이른바 '법화권'이었다고 한다. 요컨대 과거 법화종 봉기를 일으킨 마치슈들이 교토의 마치에 세우려 한 법화의 이상향을 다카가미네에 구현한 것이다. 고에쓰의 먼 친척이었던 화가 다와라야 소타쓰도 다카가미네와 인연이 깊다. 고에쓰의 조카 오가타 소하쿠의 두 손자 오가타 고린과 겐잔도

있었다. 오가타 고린은 고에쓰와 소타쓰의 뒤를 이어 긴좌
銀座(은화를 만드는 관청-역주)의 관리 나카무라 구라노스케와
미쓰이가 등의 지원을 바탕으로 겐로쿠 문화를 꽃피웠다.

스미야

시마바라島原라고 하면 스미야角屋가 떠오른다. 스미야
는 시마바라의 대표적인 아게야揚屋(유곽)이다. 유녀遊女를

스미야도 지금은 하룻밤 유흥의 장소가 아닌 사찰과 같이 배관료를 내는 명
소가 되었다.

파견하던 오케야置屋, 와치가이야輪違屋 등도 역사가 깊다. 간에이 이래 긴 역사를 지닌 지금도 어엿한 정문 주위로 토담과 해자를 두른 이 일대는 근세의 마치슈들로 불야성을 이루었다.

시마바라의 불야성은 간에이 17년(1640) 스미야가 6조 야나기마치에서 이곳으로 옮겨온 때부터 시작되었다. 조금 더 거슬러 올라가면 덴쇼 17년(1589) 2조 야나기마치에 있던 유곽이 교고쿠京極 마데노코지로 옮겨왔다. 게이초 7년(1602) 니조조 창건과 함께 6조 무로마치로 옮겨져 6조 야나기마치라 칭하고 슈자카노朱雀野라고 불린 시마바라로 세 차례나 이전했다. 안세이 원년(1854)의 대화재로 대부분 소실되었지만 스미야의 건축은 예전 그대로 남아 있다. 덴메이 무렵의 개축으로 크게 바뀐 부분도 있기 때문에 전부라고는 할 수 없지만 부분적으로 간에이 시대 이축 당시의 부재를 포함하고 있는 것이 밝혀졌다. 교토의 유곽 중 가장 오랜 역사를 지닌 곳이다.

하지만 그 오랜 역사를 돌아볼 때 가장 먼저 떠오르는 것은 스미야의 불야성과 니조조二条城와의 대비였다. 니조조는 게이초 7년(1602) 도쿠가와 이에야스가 주라쿠다이聚楽第(취락제)의 내전을 옮겨와 조축하고 간에이 연간 (1624~1645)에는 본성을 확장하고 후시미성의 천수각을 옮겨와 외관을 갖추었다. 교토 시내에 세워진 봉건 권력의 상징 니조조와 2조 야나기마치를 떠날 수밖에 없었던 시마바라의 사회적 위치가 뚜렷이 드러난다. 권력을 쥔 입장에서는 마치슈들이 북적이는 공간은 최대한 마치에서 멀리 둘 필요가 있었다.

한편 시마바라라고 하면 간에이 14년(1637) 쓰쿠시 지방에서 일어난 시마바라의 난이 떠오른다. 이 난이 얼마나 천하를 놀라게 했는지는 교토에도 시마바라라는 지명이 생긴 것을 보면 알 수 있다. 시마바라라는 지명의 유래에 대해서는 여러 설이 있지만, 시마바라의 그리스도교 농민들이 점거한 성을 쓰러뜨리기 어려웠듯 막부의 권력으로도 마치슈들의 성을 움직이기는 쉽지 않았을 것이다. 그렇다면 시마바라는 간에이 시대 쇄국으로 외국으로 뻗어나갈 길을 잃은 마치슈들의 사기의 배출구가 아니었을까. 기온 마쓰리의 야마보코는 무역선의 주 마스트를 굴대로 사용했다는 마치의 전설이 있다. 간에이 시대를 경계로 급격히 화려해진 야마보코 장식에서도 어쩐지 마치슈들의 못다 이룬 꿈이 느껴지는 듯하다. 마찬가지로 마치슈들은 시마바라에서의 하룻밤 유흥으로 살아가는 낙을 느꼈다. 사가본과 인연이 깊은 고에쓰도 시마바라를 찾았다. 사노 조에키와 명기 요시노 다유의 일화도 유명하다. 다카가미네에 있는 니치렌슈日蓮宗(일련종)의 단림 조쇼지常照寺(상조사)에 요시노 다유의 묘소가 있다. 다카가미네에서 시마바라를 떠올리는 것도 운치가 있고, 시마바라에서 다카가미네를 그려보는 것도 즐겁다. 하지만 스미야 앞에 서면 나는 가쓰라 이궁桂離宮이 떠오른다.

스미야를 방문하면 먼저 현관부터 부엌을 포함한 입구의 당당한 자태에 짐짓 사찰의 공양간에 들어온 듯한 착각에 빠진다. 제일 먼저 안내받은 아지로노마網代の間라는 응접실에서도 유곽의 화려함은 조금도 느껴지지 않는다. 이층으로 안내되어 센노마扇の間, 돈스노마緞子の間, 히가키노마檜垣の間 등 후스마에가 그려진 칸막이 문으로 구분된 각 방은 사찰의 서원을 둘러보는 듯한 인상을 주었다. 사찰과 유곽의 관계 따위의 터무니없는 생각을 하던 중 사찰에서는 절대 느낄 수 없는 신선한 감각이 지배하고 있음을 깨닫는다. 그것은 다름 아닌 도코노마와 후쿠로다나袋

棚의 구조, 미닫이 문과 창문의 디자인 등에 스며 있는 지극히 세련된 감각이었다. 그리고 그때 나는 퍼뜩 가쓰라 이궁의 쇼킨테이松琴亭와 다쓰타야竜田屋의 그것을 떠올리지 않을 수 없었다. 특히 가쓰라 이궁에서 근대적 감각을 느꼈던 세련된 디자인이 스미야에서는 한층 강조된 형태로 나타나 있었다. 스미야의 건축 양식은 가쓰라 이궁의 그것과 유사했다. 한 곳은 유곽, 다른 한 곳은 궁내청 관할이라는 너무나 큰 차이 때문에 깨닫지 못했지만 생각해보면 둘 다 간에이 시대의 문화적 소산이다. 스미야를 둘러보며 사찰을 떠올린 것도 어느 정도 이유가 있었는지도 모른다. 교토의 유명한 사찰은 앞서 이야기했듯이 대부분 모모야마, 간에이 시대에 재건된 왕조의 유적이다. 공통점을 발견했다 해도 전혀 이상한 일이 아니다.

하지만 스미야와 가쓰라 이궁의 공통점은 동시대의 소산이라는 것만이 아니다. 가쓰라 이궁을 둘러싼 당시의 궁정에는 고미즈노오 천황을 중심으로 형제인 이치조 아키요시와 고노에 노부히로가 있고, 숙부는 가쓰라 이궁을 세운 도시히토 친왕이었다. 그리고 도시히토 친왕의 왕자 도시타다 친왕과 만슈인曼殊院(만수원)에 풍류를 담아낸

요시히사 친왕이 있었다. 이들은 상층 마치슈들과 깊은 교류를 맺고 있었다. 전국 시대에 궁정은 완전히 쇠퇴하고 어소는 서쪽에 발달한 6조 마치의 주민들이 지키며 공경들도 마치슈들 사이에서 생활할 수밖에 없게 되면서부터 궁정과 상층 마치슈들의 인연이 시작되었다. 덴분 시대부터 덴쇼 시대에 도라야虎屋나 사사야笹屋와 같이 교토의 유서 깊은 과자점의 이름이 되기도 한 마치슈들이 어소에서 예능 공연을 펼치기도 했다. 이런 전통은 간에이 시대에도 이어졌다. 고미즈노오 천황과 이치조 아키요시 사이에 오간 서신에서는 마치슈 출신의 예술가 다와라야 소타쓰의 이름이 등장하기도 했다. 왕조인들과 상층 마치슈 사이의 깊은 교류가 있었던 만큼 마치슈들의 불야성 시마바라도 궁정 사람들과 전혀 무관한 것만은 아니다. 요시노 다유를 둘러싼 고노에 노부히로와 하이야 쇼에키의 일화는 무척 실감난다.

하치조노미야

가쓰라 이궁에 관해서는 일찍이 여러 학자들의 충분한 논의가 있었다. 최근에는 우메사오 다다오와 가와조에 노보루의 논구도 있었다. 하지만 가쓰라 이궁이 궁정 안에서 그것도 하치조노미야八条宮 가문 즉, 도시히토, 도시타다 친왕에 의해 창건되었다는 점에서 조금 더 깊이 생각해야 할 점이 있다. 하치조노미야 도시히토 친왕은 요코인 태상 천황의 여섯 번째 아들로 고요제이 천황의 동생이다. 도요토미 히데요시의 양자가 되었지만 후에 도요토미 쓰루마쓰가 태어나면서 하치조노미야가를 세웠다. 도요토미 히데요시로서는 명나라를 정벌한 후 고요제이 천황을 중국의 수도로 옮기고 일본의 제위를 어린 황자(고미즈노오 천황)나 도시히토 친왕 중 한 사람에게 잇게 할 계획을 세웠을 정도였다. 그만큼 하치조노미야가는 자산도 풍부했다. 하지만 천하가 뒤바뀌어 도쿠가와 막부의 시대가 열리자 호시절도 끝이 났다. 도요토미 히데요시와 부자의 연을 맺었던 도시히토 친왕으로서는 에도 막부에 대한 막연한 거부감도 있었을 것이다. 그것은 '주류'에 대한 반발이기도 했다. 슈가쿠인修学院(수학원) 이궁과 가쓰라 이궁을 비교했을 때 가쓰라 이궁이 좀 더 마치슈의 전통을 강하게 담고 있다고 한다면 그것은 아마도 그런 반발 심리가 바탕에 있기 때문일 것이다. 고에쓰가 남겼다는 말이 떠오른다.

학문을 즐긴다면서 문예를 경시한다. 천하를 다스리는 정치에 불법만큼 적절한 것이 없음은 쇼토쿠 태자와 같이 훌륭한 분들을 모신 불전을 세우는 것을 보면 알 수 있다.

비스듬히 줄지어 선 가쓰라 이궁의 건물. 정면은 고서원, 왼쪽에는 중서원, 신어전으로 이어진다.

그런데도 요즘 인기라는 하야시 라잔은 쇼토쿠 태자를 비방하고, 겐코 법사의 쓰레즈레 구사, 겐지모노가타리源氏物語를 비방하면서 주희의 유풍을 모방하니 우스운 일이다.

고에쓰는 스미노쿠라 소안과 친교가 두터웠다. 그런 고에쓰가 소안과 가까웠던 하야시 라잔에 대해서는 이렇게 비평했다. 가쓰라 이궁에서 『겐지모노가타리』 등의 고전적 세계관이 엿보인다는 것은 이제는 특별할 것도 없는 견해이다. 가쓰라 이궁은 고에쓰의 말처럼 막부의 교학을 맡았던 하야시 라잔과는 완전히 반대편에 있는 고에쓰와 소타쓰의 세계였다.

겐나 6년(1620)부터 간에이 원년(1624) 무렵까지 가쓰라 이궁의 제1차 공사가 진행되었다. 간에이 6년(1629) 도시히토 친왕이 세상을 떠난 후 간에이 18년(1641) 도시타다 천황에 의한 제2차 공사가 시작되었다. 이때는 막부가 도후쿠몬인東福門院의 입궁을 중심으로 조정에 대한 회유책을 펼치면서 막부의 어용 화가 가노 단유狩野探幽 형제도 와서 후스마에를 그리는 등 그 성격이 크게 변한 시기였다. 그럼에도 불구하고 중서원中書院과 신어전新御殿을 포함한 가쓰라 이궁이 하나의 세계를 유지할 수 있었던 것은 당시의 막부 권력을 지지한 것이 가가 지방의 마에다前田 가문이었던 것도 관련이 있지 않을까. 고미즈노오 천황은 도쿠가와 히데타다의 딸 도후쿠몬인을 중궁으로 맞고, 도시타다 친왕은 마에다 도시쓰네의 딸 후히메를 중궁으로 맞았다. 가쓰라 이궁의 제2차 공사가 시작되던 시기였다. 도시타다 친왕과 마에다 가문의 결합은 선친 도시히토 친왕과 도요토미 가문과의 관계를 떠오르게 한다. 도요토미 히데요시와 마에다 도시이에가 가까웠던 만큼 도시쓰네는 도쿠가와 씨의 의심의 눈초리를 피하기 위해 평생을 어리석은 다이묘를 가장하면서도 100만 석의 번영을 누렸다고 한다. 그럼에도 마에다가는 결코 '주류'가 아니었다. 이처럼 가쓰라 이궁에는 주류가 아닌 비주류의 정신이 흐르고 있다.

가쓰라 이궁의 인상은 도시타다 친왕의 동생 료쇼 친왕이 설계한 낙북의 만슈인曼殊院(만수원)과도 통하는 바가 있다. 그와 관련해 슈가쿠인의 인상은 그보다 앞서 지어진 하타에다의 엔쓰지円通寺(원통사)와 통한다. 슈가쿠인은 천황 문화라고 불리는 품격을 갖추었지만 나카노차야中御茶屋의 삼나무 문에는 마치슈들의 전통을 보여주는 기온 마쓰리의 야마보코가 그려져 있다. 반대로 엔쓰지 건축은 굉장히 허술하지만 오히에大比叡 산봉우리가 한눈에 들어오는 차경借景은 제왕의 정원으로서의 충분한 풍격을 갖추었다. 간에이 문화는 마치슈들이 쌓아올린 제왕의 품격 그 자체였다.

자카르를 짜는 니시진의 직조 장인

제13장
교토의 전통 산업
— 니시진 —

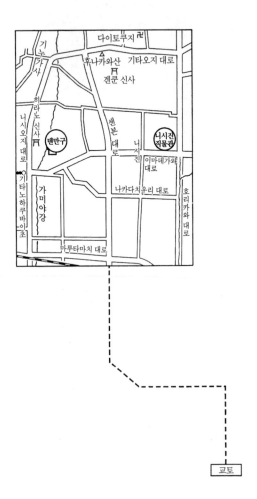

겐로쿠 문양

가쓰라 이궁의 연못 정원을 지나 쇼킨테이松琴亭에 들어서면 방과 방 사이 미닫이문에 사용된 푸른색 바둑판무늬가 눈길을 사로잡는다. 누구도 생각지 못한 대담한 디자인이다. 이 대담한 바둑판무늬는 겐로쿠 시대(1688~1704)에 크게 유행하면서 겐로쿠 문양이라고도 불렸다. 겐로쿠 시대 조닌町人(도시에 거주하는 상·수공업자들의 총칭-역주) 문화의 첨단이 가쓰라 이궁 안에 있는 것이다. 그리고 겐로쿠 시대

쇼킨테이의 미닫이문은 멀리서도 눈에 띈다. 대담한 디자인과 선명한 색조는 조닌 문화의 정수다.

교토 조닌들의 저력은 니시진西陣에 있었다.

오닌·분메이의 난 이후 니시진은 이른바 방직업의 도시로 발전했다. 앞선 헤이안 시대의 율령제 폐지와 함께 오리베노즈카사織部司(고급 견직물을 관장하는 관청-역주)가 없어지자 중세에는 오야베마치에 인접한 지역에서 '오토네리초의 능綾', '오미야의 견絹'과 같은 민영 방직업이 나타났다. 하지만 오닌의 난이 일어나면서 직조 장인들은 이즈미 지방 사카이로 피신했다. 당시 사카이에 이식된 교토 문화로 말미암아 직조 장인의 후손 중에는 사루가쿠猿楽(각종 잡예를 선보이는 고전 예능의 일종-역주)를 배우는 사람도 생기고, 명일 무역으로 들여온 중국 직물을 접할 기회가 늘면서 모모야마 시대의 화려한 노 의상을 탄생시킨 토대를 쌓게 되었다.

전란이 진정되자 교토에서도 무로마치도노의 서쪽 시라쿠모무라(지금의 신마치 대로 이마데가와 아가루 부근-역주) 일대에 하부타에羽二重(얇고 부드러우며 윤이 나는 비단의 일종-역주), 네리누키練貫(생사와 숙사를 평직으로 짠 비단-역주) 등을 주로 생산하는 네리누키카타練貫方라는 직조 조합이 부활했다. 잇따라 오토네리카타大舍人方라는 조합도 부활해 에이쇼 10년

(1513)에는 능직물 제조에 관한 독점권 다툼이 일어났다. 결국 오토네리카타가 독점권을 차지하면서 네리누키카타의 능직물 제조가 중단되었다. 이 오토네리카타의 부흥으로 니시진 방직업이 탄생했다. 니시진의 방직업은 마치슈 사회의 춤과 마쓰리, 다도와 노能 전반에 걸쳐 다채로운 직물을 만들어냈다. 니시진은 도요토미 히데요시의 비호 아래 더욱 융성해 마치슈 문화의 중요한 일면을 담당하게 됐다.

이런 니시진의 위세는 겐로쿠 시대에 정점에 달했다. 겐로쿠 16년(1703)에는 직조소 5,000곳, 직조기는 1,000대 이상이었다고 한다. 니시진에서는 금란, 단자를 비롯한 각종 고급 직물이 생산되었으며 원사는 멀리 신슈와 고슈 등지에서 주문했다. 봉건사회의 수공업으로는 유례를 찾기 힘든 수준이었다.

겐로쿠 시대의 번영은 인구상으로도 나타난다. 겐로쿠 시대 직전의 덴나 원년(1681)의 기록에 따르면 당시 교토의 인구는 남녀 57만7, 548명으로 에도를 잇는 일본 제2의 도시이자 당시 세계적으로도 손꼽을 만한 대도시였다. 에도, 오사카와 함께 3대 도시로 꼽히며 오사카와 함께 에도의 가미가타上方(천황이 있는 수도-역주)로 불렸다.

에도가 정치의 중심지였다면 교토는 경제의 중심지였다. 니시진과 관련이 깊은 에치고야越後屋, 마스야升屋, 다이코쿠야大黒屋, 이즈츠야井筒屋, 다카시마야高島屋, 시로키야白木屋, 다이마루大丸, 에비스야蛭子屋 등의 포목상들이 크게 번창했다. 그리고 이런 포목상들의 조합 스무 곳이 교토의 대표적인 자본가로 성장해 각 지방 다이묘를 상대로 금융업을 하거나 막부의 금은 환전상이 되었다. 막부 말기의 3대 금융 재벌 미쓰이, 시마다, 오노 구미組도 이곳에서 탄생했다.

그럼에도 니시진의 방직업 자체는 겐로쿠 시대 이후 결코 순조롭지 않았다. 무엇보다 생산품에 대한 막부의 간섭을 벗어나지 못했다. 교호 15년(1730)에는 큰불이 나 니시진의 대부분이 소실되었다. 당시 소실된 직조기의 수가 약 7,000대에 이르렀다고 한다. 그 후로도 니시진의 기술을 도입한 기류桐生, 나가하마長浜, 단고丹後 등지의 방직업이 발전하면서 니시진과 경쟁하게 되었다. 이들 지역은 니시진에 버금가는 기술력과 저렴한 가격으로 니시진의 방직업을 위협했다. 이런 니시진의 악조건은 교토 전체의 침

체를 불러왔다. 에도 시대 중기 교토는 그야말로 역사의
무대에서 사라질 위기를 맞았다. 게다가 덴메이 8년(1788)
정월의 대화재로 교토의 침체는 극에 달했다. 이런 곤경
을 극복하고 다시 일어선 것은 메이지 유신 무렵이었다.

호리카와

호리카와堀川는 니시진의 동쪽을 흐르던 강이다. 호리
카와는 교토 중앙을 가로지르는 옛 가모강의 본류였다.
교토 시내는 신마치 대로부터 서쪽으로 갈수록 경사가 가
파르다. 최근까지 니시노토인西洞院강이라 불린 하천이 흐
르던 자취이다. 헤이안 시대의 법령집『엔기시키延喜式』에
는 4장 너비(약 3m)의 하천으로 가쓰라·요도강과 기타야마
의 목재를 교토 시내까지 운반하는 수로였다는 기록이 있
다. 수로 양쪽에는 기온 신사에 예속된 호리카와의 목재
상들이 늘어서 있었다. 다카세강 기야마치木屋町에 비견될
만큼 번성했다고 한다. 동서로 뻗은 마루타마치丸太町의
이름도 여기에서 유래했다.

근세에는 교토 염색의 중심지가 되었다. 철분과 불순물

이 적은 연수軟水가 염색에 적당했기 때문이다. 호리카와의 강물로 물들인 옷감의 농담이 경기를 판단하는 잣대였다는 말이 있었을 정도로 인기를 누렸다. 연안에는 목재상 대신 누임, 표백, 재양, 유노시湯のし(김을 쐬어 천의 주름을 펴는 일-역주), 형지, 무늬, 방염, 세탁 등의 염색 관련 업자들이 잇따라 들어섰다. 교토 염색의 번영도 니시진과 무관하지 않다. 일반 옷감으로도 니시진의 고급 견직물에 필적하는 멋을 담아내려 한 대중성이 있었기 때문이다. 유

유젠 염색의 중심이 호리카와, 가모강에서 오이강으로 옮겨가면서 시내에서 피륙을 말리는 풍경은 좀처럼 보기 힘들다.

292

젠友禅(비단 등에 인물, 산수 따위의 무늬를 염색하는 기법-역주) 염색
은 니시진 견직물의 보급판과 같은 성격이 있었다.

당시 가장 일반적이었던 가키유젠描友禅(손으로 직접 그림을
그려 염색하는 기법-역주)에는 실력 있는 화가가 필요했다. 여
기에서도 교토의 문화적 배경이 드러난다. 예컨대 오가타
고린과 같은 당대 최고의 화가가 직접 그린 기모노가 오늘
날에도 남아 있다. 이런 작품은 호화로운 니시진 비단과
도 충분히 겨룰 수 있었을 것이다. 지금도 가키유젠의 전
통을 이어가고 있지만 보통은 메이지 시대 이후에 발달한
가타유젠型友禅(형지를 이용해 무늬를 찍어내는 기법-역주) 염색이
많다. 이런 방식이라면 장소에 관계없이 어디서든 가능하
지만, 염색은 천을 헹굴 때 사용되는 물의 수질이 최대의
무기였기 때문에 기술이 어떻게 바뀌든 호리카와의 수질
이 변하지 않는 이상 장소는 바뀌지 않았다. 수질에 있어
서는 호리카와뿐 아니라 가모강의 하천도 마찬가지였기
때문에 옷감의 표백이나 재양의 장소로 크게 활용되었다.
하지만 교토 염색도 더 크게 발전하려면 니시진과 같은 근
대화가 필요했다.

밀려오는 메이지 유신의 파도는 결국 메이지 2년(1869)

의 도쿄 천도를 발표함으로써 교토 시민들을 깊은 절망에 빠뜨렸다. 교토가 제2의 나라奈良가 될지도 모른다는 우려가 사람들을 불안하게 만들었던 것이다. 특히 니시진의 시민들은 전통 산업에 종사하는 만큼 더욱 참담한 심정이었다. 당시의 이나바타 가쓰타로稲畑勝太郎의 기록이 니시진의 견직물 박물관에 남아 있다.

메이지 황제께서 도쿄로 행차하시어 교토가 정치 중심지로서의 지위를 잃게 되자 우리 교토 시민 특히 니시진의 방직업 종사자들은 폐하가 떠나지 않기를 바라는 마음으로 어소 주위를 수없이 돌며 기원했다. (중략) 정부가 무력으로 시민들의 해산시킬 것이라는 소문도 있었지만 천황 폐하께서는 시민들에게 수십만의 시재금을 하사하셨다.

교토가 왕성으로서의 지위를 잃게 되자 앞으로의 산업을 이끌 니시진이 가장 크게 좌절했다. 이 또한 오래된 것과 새로운 것이 공존하며 서로 협력해온 교토의 특성일 것이다. 교토 부지사 나가타니 오부아쓰는 천황이 하사한

금 15만 냥 중 3만 양을 떼어 니시진 물산회사를 창립하고 직조소를 18개사로 나누어 니시진 부흥에 나섰다. 구체적으로는 문양, 금란, 하카타오리博多織(하카타 지방에서 나는 두꺼운 견직물-역주), 공단, 여름옷, 마코오비真古帶(띠), 윤자綸子(고운 생사로 무늬 있게 짠 고급 비단-역주), 크레이프, 사紗, 하부타에羽二重, 후루오비古帶(띠), 명주, 세이고오리精好織(누인 명주실로 짠 비단-역주), 생견, 삼베, 면, 벨벳, 사나다真田(넓고 굵게 엮은 끈-역주)의 18개사를 한 회사로 통합해 각 사에 72명의 간사를 두고 니시진 산업을 진흥시키는 계획이다. 당시 니시진에서 생산되는 거의 모든 품목이 이 18개사에 포함되어 있었다.

니시진 물산회사는 처음부터 중개상으로서가 아닌 오직 니시진 직조소의 흥망을 걸고 세워진 회사로 원사의 집약적 구입을 통해 생사 업체의 지배로부터도 벗어나고자 했다. 종래의 니시진의 약점을 철저히 개선하고자 나선 것이었다. 각 회사의 간사들은 대도를 차고 나타나 무급으로 직조소와 중개상 사이에서 거래를 성사시켰다고한다. 이처럼 니시진 물산회사는 거래상의 개선을 꾀하는 등 당시로서는 상당히 진보적 역할을 담당했다. 다만 이

물산회사도 부분적인 성공에 그쳤을 뿐 메이지 10년(1877) 6월 니시진 견직물거래소로 이름을 바꾸고 8개사로 재편되었다.

교토부의 위기 대책은 매우 훌륭했다. 동요하는 니시진에 일단 개선수당을 지급해 빠른 조처를 취하는 한편, 전반적인 산업 진흥을 위해 메이지 4년(1871)에는 권업관 개설을 시작으로 신산업 계획을 수립함으로써 일본의 근대화를 선도했다. 거기에는 제2대 교토부 지사 마키무라 마사나오의 공헌이 있었다. 메이지 5년(1872) 우메즈의 제지공장, 6년(1873)에는 후시미에 철공소가 세워졌다. 같은 해 니시진과도 관련이 깊은 관영 직조소 오리도노織殿가 들어서고 메이지 8년(1875)에는 오리도노와 나란히 염색소 시메도노染殿가 생긴 것도 일련의 정책적 구상이었다. 한편 이 같은 정책을 학술적으로 뒷받침한 이화학자 아카시 히로아키라의 주장으로 기야마치 2조사가루에 서양의 과학기술을 수입하는 최신 연구소 세이미국舍密局을 세웠다. 세이미는 케미스트리를 일본식 한자로 풀어쓴 말이었다.

니시진에서도 메이지 5년(1872) 우수 장인 3명을 프랑스 리옹에 파견해 서양의 직조 기술을 연구하고 자카르 직조기 등의 기계류를 수입했다. 방직업 기술 면에서도 일부 근대적 요소가 더해진 것이다. 머지않아 일본 내에서도 자카르 직조기의 모조품 생산에 성공하고 무늬를 넣는 직조기까지 제작되어 업자들 사이에 퍼져나갔다. 이런 사정은 호리카와로 대표되는 염색 산업도 마찬가지였다. 메이지 8년(1875)에는 염색 장인들을 상대로 화학 염료를 이용한 염색 기법 지도가 이루어지고 다카세강 연안에 실험공장도 세워졌다. 서양의 염색 기술이 들어오면서 염색업계에도 화학 염료가 보급되기 시작했다.

교토를 제2의 나라奈良가 될 위기에서 구한 것은 향토 산업과 근대화였다. 그 대표적인 산업이 니시진의 견직물과 유젠 염색 그리고 기요미즈야키清水燒(기요미즈자카 일대에서 생산되는 도자기-역주)이다. 물론 기요미즈야키도 앞서 소개한 두 산업과 같은 기술 혁신이 있었다. 메이지 11년(1878) 교토에 온 독일의 응용화학자 고트프리트 와그너는 도자기와 칠보 공예에 쓰이는 유약 연구와 소성 기술에 크게 기여했다.

향토 산업

메이지 15년(1882) 무렵까지 산업의 근대화를 주도하는 것은 언제나 교토였다. 한편 메이지 15년(1882)부터 20년(1887)에 걸친 시기에는 관 주도의 지원에 기대지 않는 민간의 자발적인 움직임이 강하게 나타났다. 메이지 시대 전기 교토의 산업을 지원했던 마키무라 마사나오 지사의 뒤를 이어 교토부 지사가 된 기타가키 구니미치는 다음과 같은 정책을 펼쳤다.

6조에는 중세에 미에이도御影堂 부채로 이름을 알린 부채 공방이 많다. 지금도 부챗살 말리는 모습을 볼 수 있는 향토 산업의 일면이다.

첫 번째는 메이지 초기의 관영 공장을 민간에 불하한 것이다. 하지만 이를 유지할 민간 자본이 충분치 못했던 탓에 결국 실패로 돌아갔다. 그것은 교토가 자본주의의 형성과 함께 본격적인 산업도시로서 발전하지 못했다는 것을 말해준다.

두 번째는 같은 해 계획된 비와호湖 수로 건설이었다. 이 계획은 에도 시대 초기부터 교토 시민들이 꿈꾸던 것이었다. 스미노쿠라 소안도 계획을 갖고 있었는데 그것은 세타·우지 사이에 물길을 내 비와호의 수위를 낮춤으로써 고슈 지역에서 6만~7만 석 내지는 20만 석의 농토를 일구기 위해서였다. 소안과 기타가키 지사의 수로 건설 목적은 근본적으로 달랐다. 기타가키 지사는 오사카산과 히가시야마에 직접 호수를 끌어들여 일본 최초의 수력발전소를 건설하고 교통, 산업의 동력을 확보할 생각이었다. 이 계획은 청년 학도 다나베 사쿠로를 등용해 메이지 18년(1885)에 착공해 온갖 곤란을 극복하고 마침내 23년(1890년)에 완성되었다. 오늘날 게아게蹴上에 남아 있는 인클라인과 수로가 당시의 위대한 업적을 보여준다. 이듬해인 메이지 24년(1891) 게아게 발전소가 세워지면서 산업 동력의 전기화가 이루어지고 28년(1895)에는 교토 전기철도주식회사가 설립되어 일본 최초의 노면철도가 부설되었다.

기타가키 지사가 펼친 두 정책의 성공과 실패 속에는 교토의 산업이 가진 안팎의 이면이 뚜렷이 나타난다. 그것은 중공업을 키우지 못하는 교토의 민간 자본의 약소성과 항상 역사의 첨단을 달리는 교토 시민들의 진취성이다. 전자는 중세의 마치구미 이래 유지되어온 시민 생활의 균등성이 전후좌우를 지나치게 의식하고 산업 면에서는 출중한 산업의 진출을 방해해 소위 도토리 키 재기 식의 현상을 초래했기 때문이라고 할 수 있다. 또 니시진 일대의 거대 포목상들도 그 자본을 산업에 투자하지 않고 교토를 떠나버렸던 것이다. 한편 후자는 천년의 왕도라는 자존심에서 비롯된 것이라고 생각한다. 교토 시민들에게는 도쿄에는 질 수 없다는 강한 자의식이 흐르고 있다. 대립 의식 같은 대등성조차 거부하는 그 정신은 때로는 중화 의식이라고 해도 좋을 정도이다. 그만큼 사회의 동향에 무척 민감하고 역사의 진보에 뒤처지는 것을 참지 못했다. 메이지 7년(1874)경 〈도쿄신문〉은 '도쿄 천도 후 이내 쇠퇴할 것이라는 서민들의 우려는 의외의 번영을 가져오는 경우가 많았다'고 전했다. 그야말로 위기에 직면한 교토 시민들의 자의식의 발로였다.

그렇다면 이런 교토 산업의 성격은 현재의 니시진, 호리카와에서 어떤 모습을 보여주고 있을까. 니시진에 있는 4,000여 곳의 직조소는 대자본이 들어간 역직기를 이용한 대량 생산도 이루어지지만 이른바 니시진오리西陣織 (니시진에서 생산되는 고급 견직물-역주)의 진면목은 여전히 영세수공업 형태로 이어지고 있다. 현재 니시진의 직조기 1만 8,000대 중 역직기는 절반을 겨우 넘었을 정도로 수직기가 많고 기계화 속도도 매우 더디다. 또 100대 이상의 직조기를 보유한 곳은 불과 8곳으로 직조소의 82%가 4대 이하의 소규모이다. 직조 장인의 수가 2만, 도매상이나 제조사 소유의 임대 기계가 60%를 넘는다니 놀라지 않을 수 없다. 좁은 골목의 어스레한 처마 아래, 수혈식 바닥에 설치된 수직기에 앉아 실 한 가닥조차 음미해가며 옷감을 짜는 장인들의 모습이 니시진의 가장 일반적인 풍경이다. 비단의 화려함만큼이나 깊은 비애가 느껴진다. 그 모습은 덴메이 시대 이래의 니시진과 크게 달라진 것 없이 그대로 남아 있다. 교토에서 가장 오래된 상가의 생활 모습을 볼 수 있는 곳도 이곳 니시진과 시모교下京의 후루마치이다.

니시진 동쪽을 흐르던 호리카와에는 얼마 전까지도 근대화의 상징이었던 일본 최초의 전차가 달렸다. 쇼와 36년(1961) 7월을 마지막으로 철로도 철거되었지만 이 전차는 언제까지나 사람들의 추억 속에 남아 두고두고 회자될 것이다. 전차는 7조역 앞에서부터 니시노토인을 거쳐 4조로 나와 호리카와를 따라 달리다 나카다치우리 대로를 지나 기타노로 향했다. 호리카와선이라고 불린 이 전차는 교토역과 호리카와·니시진을 잇는 중요한 노선으로 호리카와의 풍물로도 인기를 누렸다. 이 전차가 사라진 호리카와가 어떻게 변화할지 새로운 호리카와의 풍경에 기대와 불안이 교차한다.

덴쇼 시대의 필적이 남아 있는 3조 오하시

제14장
막부 말기와 유신
―3조 가와라―

3조 대교

교토는 야지키타弥次喜多와 우타가와 히로시게歌川広重의 그림으로 유명한 도카이도 53개 역참이 그려진 쌍륙판의 도착점이다. 근세 초기의 『도카이도 명소기東海道名所記』를 비롯해 교토를 주제로 한 작품은 많지 않다. 그런 가운데 교와 2년(1802) 초편이 발행된 이래 분세이 5년(1822)까지 21년에 걸쳐 출간된 짓펜샤 잇쿠十返舎一九의 통속 소설 『도카이도 주히자쿠리게東海道 中膝栗毛』는 당시의 국내

4조에서 폰토초先斗町의 옛 유흥가를 지나면 이런 풍경이 펼쳐진다.

여행 붐에 편승해 많은 인기를 모았다. 우타가와 히로시게는 덴포 8년(1837) 도카이도의 53개 역참을 주제로 아름다운 자연과 풍속을 그려내고 이어서 〈오미 8경近江八景〉과 〈교토 명소京都名所〉를 완성했다. 그 밖에도 많은 기행紀行 문학과 회화 작품이 나왔는데 그 끝에는 늘 3조 대교가 등장한다.

3조 대교는 덴쇼 18년(1590) 마시타 나가모리가 도요토미 히데요시의 명을 받아 건립한 다리로 지금도 그 뜻을 새긴 의보주가 난간을 장식하고 있다. 일본 석교石橋의 기원으로 불리며 이내 교토 도로의 이정표가 되었다. 막부 말기에 가까울수록 교토를 찾는 사람들이 늘어났다. 교토의 관광도시화는 근세 초기 『교와라베京童』, 『교스즈메京雀』 등의 명소 안내기가 탄생한 시기에 처음 시작되어 바야흐로 성장기를 맞고 있었다. 3조 대로는 예부터 여관이 발달해 막부 말기에는 길 양쪽에 여관이 가득 들어섰다. 향토 산업인 니시진오리, 유젠 염색, 기요미즈야키는 물론이고 교토 부채와 절임류까지 모두 넓은 의미의 관광 산업으로 볼 수 있다. '교토에 좋은 것 세 가지는 여자, 가모강의 물, 사사寺社. 나쁜 것 세 가지는 구두쇠,요리, 배편. 교토에 없는 것 다섯 가지는 생선, 걸인, 좋은 차, 좋은 담배, 훌륭한 기녀'라는 다키자와 바킨의 비평은 관광객의 눈에 비친 교토의 모습이다. 오늘날 교토의 여관들도 되새길 필요가 있다.

사람들의 왕래가 늘어난 동시에 화물의 운송량도 늘었다. 오쓰에서 오사카산을 넘어 아와타 구치粟田口로 들어오는 길은 중세부터 바샤쿠馬借, 샤샤쿠車借라고 불린 운송업자들이 활약하던 곳이다. 에도 시대에는 구루마이시車石라는 포석 도로를 깔았다. 일본 최고最古의 레일이다. 이런 포석 도로는 사이고쿠지西国路의 후시미 가도에도 깔려 있었다. 지금도 게아케 거리와 후시미중학교의 현관 앞에 당시의 포석이 남아 있다. 모든 길은 교토로 통하고 3조 대교에서 하나로 합쳐졌다. 3조 대교 일대는 차마의 혼잡을 고려해 평평한 돌을 깔았다. 다리 폭이 좁았기 때문에 차량이 다리 위를 피해 가모강을 건널 수 있도록 다리 아래에도 평평한 돌을 깐 차도를 만들었는데 지금도 서쪽 기슭에 그 흔적이 남아 있다. 구루마이시의 가공과 부설은 쉽지 않은 일이었다. 거기에는 오미 지방 아노우穴太의 부락민들이 동원된 것으로 보인다. 그들은 전국 시대 무

렴부터 채석과 축석 기술을 가진 예속민으로서 도처의 축
성 현장에서 활발한 활동을 펼쳤다. 아노우 역役이란 축석
의 과역을 말한다. 한편 이 포석 도로를 활용한 이들도 오
쓰와 시라카와에서 운송업에 종사하던 예속민들이었다.

가와라의 생활

역사의 도시 교토에는 역사의 잔재 또한 많다. 중세에
귀족과 사사寺社의 예속민들이 모여 살았던 산조散所와 사
회 변동기에 살 곳을 잃은 사람들이 거주한 가와라河原의
열악한 지역 환경은 근세에까지 이어졌다. 그들의 직업
또한 에도 시대의 구체적인 신분 차별의 대상이 되기도 했
다. 당시 교토 곳곳에 이런 피차별 부락이 있었는데, 그 대
표적인 지역이 아마베天部, 시치조七条, 가와사키川崎였다.
가모강 유역의 가와라에서 발전한 지역으로 집과 인구가
가장 많았다. 막부는 이 지역 사람들에게 경비와 형벌 등
의 하급 사무를 맡겨 시민들로부터 더 멀리 떼어놓았다.

가와라는 예부터 사람들이 많이 모이는 장소였다. 겐무
시대 2조 가와라에서 돌던 낙수落首에서도 드러나듯 민중

이 목소리를 내던 곳이었던 동시에 죄인을 효수하던 형장이기도 했다. 교토의 가모 가와라에서도 일찍이 많은 사람들이 처형되었다. 도요토미 히데쓰구의 처첩들도 그중 하나였다. 사람만이 아니었다. 막부 말기에는 근왕 지사들에 의해 도지인等持院(등지원)에 있는 아시카가 다카우지상의 목까지 내걸렸다.

그뿐만이 아니다. 중세에는 신분 해방을 바라는 사람들의 거처인 동시에 민중 예술의 온상이기도 했다. 특히 4

교토의 마을 곳곳에서 눈에 띄는 지장보살상은 좁은 부락의 가난한 생활 속에서도 마음의 버팀목이 되었다.

조 가와라에는 가부키나 조루리 극장 등이 늘어서면서 크게 번성했다. 그곳에서 중세의 산조, 가와라의 예속민들은 유희를 찾아 모여든 민중에게 오락을 제공하고 예능인으로서 생계를 꾸렸다. 일찍이 유곽과 함께 2대 악처惡所로 여겨지던 가부키歌舞伎 공연도 이곳 4조 가와라에서 열렸다. 지금은 4조 대교 동남쪽 미나미좌南座 한 곳만 남아 있을 뿐 그 맞은편에 있었다고 하는 기타좌北座를 기억하는 사람은 많지 않다. 하지만 12월의 가오미세顔見せ 흥행은 여전히 교토의 겨울을 알리는 전통 예능이다. 에도 시대부터 시작된 가오미세 흥행은 다음해의 관동, 관서 지역의 배우들이 모두 나와 첫선을 보이는 공연이다. 이날만큼은 교토의 여성들도 평소의 검소한 차림 대신 화려한 기모노로 치장하고 공연을 관람했다고 한다.

당시의 번화한 모습은 병풍화로만 남아 있을 뿐 메이지 시대 이후에는 신쿄고쿠新京極로 옮겨갔다. 새롭게 조성된 데라마치寺町 동쪽에 생긴 신쿄고쿠는 본래 3조와 가까운 세이간지誓願寺(서원사)의 잿날에 사람들이 모여들면서 시작된 듯하다. 가와라도 지금은 가와라마치 대로가 뻗어 있는 교토의 중심지이다. 신쿄고쿠가 교토 서민들의 유흥가가 된 것도 어쩌면 당연하다. 하지만 그 변화가 사이로 보이는 묘지는 교토 역사의 민낯을 보여준다. 가와라마치가 날로 번영할 때도 가와라의 주민들은 미해방 부락을 벗어날 수 없었다.

메이지 4년(1871) 에타穢多라는 천민 신분을 폐지하는 이른바 해방령이 공포되면서 신분 차별은 철폐되었지만 이 봉건적 신분제는 쉽게 사라지지 않았다. 아무런 경제적 지원이 없는 법령만으로는 이 문제를 쉽게 풀 수 없었다. 게다가 러일전쟁 무렵부터 두드러진 자본주의 사회의 모순은 도시에 빈민가를 형성했다. 그 중심에 미해방 부락이 있었다. 역사의 문제가 현대사회의 문제가 된 것이다. 이처럼 부락 문제는 일본의 가장 심각한 사회문제가 되었다. 그리고 이 문제에 대한 교토의 대책은 크게 주목받았다.

그만큼 교토는 부락 문제에 많은 관심을 쏟고 있었다. 역사와 현대의 두 가지 문제가 얽힌 이 사안을 한 번에 해결할지 아니면 긴 안목으로 풀어나갈지에 따라 각기 다른 길이 있다. 다만 한 번에 해결하기 힘든 문제인 만큼 복잡하게 얽힌 역사와 현대의 문제를 신중히 풀어가야 할 것이다. 지역과 직업에 집중된 역사적 차별을 없애기 위해서

는 환경의 개선과 취업의 자유를 보장하는 적극적인 정책
이 이루어져야 한다. 이런 조건이 갖추어졌을 때 비로소
교토부와 시의 노력이 결실을 맺을 것이다.

어소의 등불

3조 대교의 동남쪽 끝에 다카야마 히코쿠로高山彦九郎의
동상이 있다. 황성을 향해 절하는 모습의 거대한 동상이
다. 쇼와 초기에 세워진 이 동상은 태평양전쟁 당시의 금
속회수령으로 공출되어 오랫동안 돌 비석으로 대체되었
다가 쇼와 36년(1961) 재건되었다. 같은 시기 5조 대교 부
근에 세워진 우시와카牛若, 벤케이弁慶의 동화책에서 튀어
나온 듯한 사랑스러운 동상과 비교되면서 크게 화제를 모
았다. 사실 교토 시민들은 히코쿠로의 동상이 사라진 것에
내심 안도했다. 오랫동안 황도에 살았던 교토 시민들은 왕
을 공경하는 마음은 깊었지만 지나친 유세는 꺼렸다.

내가 이 동상을 거론한 것은 이쯤에서 다카야마 히코
쿠로가 바라본 교토 어소에 대해 다루고 싶었기 때문이
다. 교토 어소는 남북조 시대 고묘인光明院(광명원)의 거처

가 황거로 정해진 이래 쭉 같은 장소에 있었지만 덴메이 8
년(1788) 정월 30일에 일어난 대화재로 교토 시내의 대부
분과 함께 소실되었다. 다카야마 히코쿠로가 고즈케노 지
방 닛타군에서 근왕의 뜻을 품고 교토로 상경한 것은 메이
와 원년(1764) 그의 나이 18세 때였다. 근왕 사상을 제창하
며 전국을 유람하고 다시 교토로 돌아온 것은 덴메이 3년
(1783)의 일이었다. 그가 처음 교토에 왔을 때 3조 대교에
서 황거를 향해 절하고 도지인等持院(등지원)으로 가 아시카

어소는 일정 시기에 공개된다. 교토 시민들도 의외로 잘 모르는 소小어소와
연못 정원.

가 다카우지의 묘에 채찍을 휘둘렀다고 한다. 대화재 이전이었다면 무너진 토담 너머로 어소의 등불이 보였을지 모른다. 하지만 대화재 이후, 막부는 마쓰다이라 사다노부에 어소를 재건할 것을 명했다.

마쓰다이라 사다노부는 조정의 예식과 전고에 밝았기 때문에 충분한 연구를 거쳐 최대한 격식에 맞게 설계하고 조영에 착수했다. 그리고 간세이 2년(1790) 11월 어소가 완성되었다. 막부로서는 이미 호레키 8년(1758) 조신을 모아놓고 막부를 비판한 다케노우치 시키부竹內式部의 호레키宝曆 사건을 겪은 만큼 이 어소 조영에 힘을 쏟음으로써 다카야마 히코쿠로 같은 소박한 근왕가들까지 반막부 세력으로 돌아서는 것을 막으려 한 정치적인 의도도 있었을 것이다. 그만큼 이 어소는 『겐지모노가타리』의 세계와는 한참 동떨어진 의전용 궁전이었다고 여겨진다. 지금의 어소는 유신의 파도가 닥치기 전인 안세이 3년(1856) 간세이 시대의 모습 그대로 재건한 것이다.

이처럼 막부가 내심 두려워한 세태는 가에이 6년(1853) 미국의 해군제독 페리의 내항, 이듬해 시모다·하코다테항의 개항, 안세이 3년(1856) 미국 총영사 해리스의 부임에

이어 통상조약 체결 요구라는 갑작스러운 형태로 진행되었다. 동요한 막부는 다시금 교토의 조정을 정치에 개입시켰다. 안세이 5년(1858) 이이 나오스케井伊直弼가 조정의 허락 없이 미·일 수호통상조약에 조인하자 반대파들이 맹렬히 일어나 마침내 교토는 근왕지사들의 활동 무대가 되었다. 3조 기야마치 일대의 여관이 이들의 거점이었다. 근왕지사들은 존왕양이尊王攘夷를 외치며 점차 격화되었다. 분큐 3년(1863) 존양파가 꾸민 고메이 천황의 야마토 행차가 중지되고, 그 중심에 있던 일곱 명의 공경과 조슈번長州藩의 무사들이 추방되는 사건이 일어났다. 그 결과 겐지 원년(1864) 7월의 이케다야池田屋 소동이 일어나면서 파문은 더욱 커졌다. 모리 다카치카毛利敬親의 세력 회복을 꾀하기 위해 야마토 행차를 막은 배후 인물들을 소탕하려던 미야베 데이조宮部鼎蔵 등 근왕지사들의 계획이 교토의 경비를 맡고 있던 마쓰다이라 가타모리松平容保에 의해 발각되어 곤도 이사미近藤勇가 이끌던 신센구미新選組가 이케다야 여관을 공격했다. 이 사건은 조슈번을 강하게 자극해 급기야 하마구리고몬蛤御門의 변으로 이어진다.

교토는 또다시 병화에 휩싸였다. 교토에서는 '돈돈야케

ドンドン焼け(불길이 잇따라 번지는 모습-역주)'라고 불렸다. 한동
안 잠잠했던 교토를 뒤흔든 총포 소리는 시민들을 크게 놀
라게 했다. 그 후로도 막부의 조슈 정벌로 불안한 날들이
계속되었다. 지금도 3조 대교 일대의 기야마치, 가와라마
치 곳곳에는 근왕지사들이 몸을 피했던 곳을 나타내는 비
석이 눈에 띈다. 신센구미의 눈을 피해 활동한 사람들, 개
국을 외치다 양이파에 의해 목숨을 잃은 지사들의 이야기
는 두고두고 회자될 것이다.

다시 어소로 돌아오면 자신전紫宸殿, 청량전淸涼殿은 의
전용이 분명해 보인다. 왕조의 모노가타리나 기록을 재현
한 시설도 그대로 남아 있다. 동쪽에 있는 상어전常御殿을
돌아가면 일상생활의 분위기가 풍긴다. 앞의 두 어전과
달리 넓은 정원 연못이 펼쳐진 온화한 인상의 어전이 바로
소小어소이다. 몇해 전 가모 가와라에서 열린 불꽃놀이의
불똥이 튀면서 큰불이 났지만 현재는 아름답게 재건되었
다. 이 소어소는 게이오 3년(1867) 12월 왕정복고의 대호령
大号令이 반포된 밤, 메이지 천황의 어전에서 쇼군 도쿠가
와 요시노부의 처분을 결정하면서 메이지 신정부가 첫발
을 내디딘 회의가 열렸던 장소이다.

문명개화의 상징 도시샤대학교

제15장
학문과 예술의 도시
─ 대학교 ─

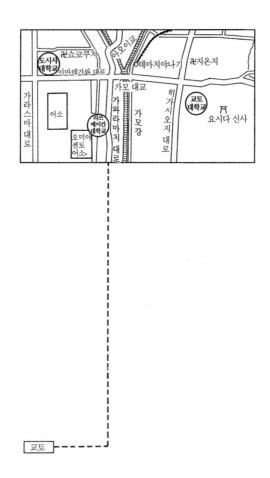

교토

교토의 학문

왕도의 땅 교토는 학문의 도시이기도 했다. 대학료大学寮는 율령제 기반의 관리 양성기관이었다. 헤이안 시대 초기부터 이 대학료 근처에는 귀족 자녀들의 기숙 시설인 벳소別曹가 생기기 시작했는데 와케 씨의 고분인弘文院, 후지와라 씨의 간가쿠인勧学院, 다치바나 씨의 가쿠칸인学館院, 아리하라 씨의 쇼가쿠인奨学院 등이 있다. 당시 대학료에는 대부분 이런 유력 씨족들의 자녀가 많았다. 벳소는 대

호리카와와 함께 오래도록 보존해야 할 고기도가 있던 이토 진사이의 구舊 저택. 지금도 후손들이 지키고 있다.

학료에 부속된 씨족별 기숙사 내지는 연구실이었다. 지금은 모두 사라졌지만 언젠가 방문했던 4조 오미야의 교자쿠지更雀寺(경작사)라는 작은 사찰에 스즈메즈카雀塚라는 돌탑이 있었던 것을 기억한다. 전승에 따르면 간가쿠인 곁에서 풍월을 읊었다는 참새의 무덤이라는 것이다. 사뭇 믿기 힘든 이야기이지만 과거 간가쿠인이 그 근처에 있었던 것이 아닐까. 교토에는 이런 재치 넘치는 유적도 적지 않다.

이 시대의 사학私学이라고 하면 덴초 연간(824~833)에 세워진 구카이의 슈게슈치인綜芸種智院이 있다. 『슈게슈치인 시키綜芸種智院式』에 따르면 중국에는 여숙閭塾(마을 서당-역주)이 있어 어린아이들을 널리 가르치고, 지방에는 향학郷学을 두어 학문의 길로 이끌었는데 헤이안쿄에는 대학만 하나 있을 뿐 여숙이 없으니 빈천한 자제들이 학문을 배울 길이 없어 슈게슈치인을 세웠다고 한다. 슈게슈치인은 구카이가 세상을 떠난 후 이내 쇠퇴했지만 오늘날 도지東寺(동사) 관하에 속한 슈치인種智院대학교의 이름은 여기에서 유래했다. 이 대학은 신문 보도에 따르면 재학생 10명 이하의, 입학난이 없는 4년제 대학이라고 한다. 그야말로 교토다운 느긋한 분위기가 느껴지는 이야기이다.

고대의 대학은 벳소의 발전으로 결국 본래의 의미를 잃고 점차 쇠퇴했다. 많은 벳소 중 고위 관리가 되어 유일하게 번영을 누린 후지와라 씨의 간카쿠인만이 꽤 오랫동안 그 명맥을 이어갔다. 왕도의 땅이었지만 관리 양성기관으로서의 대학은 크게 발전하지 못하고 사라졌다. 하지만 대학료의 교사였던 문장도文章道의 스가와라·오에 씨, 명경도明経道의 기요하라·나카하라 씨, 명법도明法道의 사카노우에·나카하라 씨, 산도算道의 오즈키·미요시 씨와 같이 각 분야의 가학家学이 성행했다. 가학을 존중하는 경향은 학문뿐 아니라 모든 예능에도 마찬가지였다. 도서 역시 국가적인 도서료図書寮는 크게 발전하지 못했지만 귀족들이 소장한 문고는 꽤 유명한 것들이 많았다. 오에 가문의 에우케江家 문고, 이치조 가문의 도카桃華 문고 등 일일이 셀 수 없을 정도이다. 이런 사실은 교토의 학문은 국가보다는 가학의 전통이 강했다는 것을 말해준다.

근세가 되자 봉건 교학으로서 주자학이 학문의 중심이 되었다. 에도 우에노 지역에 기숙 시설인 센세이덴先聖殿이 들어서고, 에도 막부 관할의 학교 쇼헤이코昌平黌가 개설되었다. 학문도 에도로 옮겨가는 듯했지만 하야시 라잔은 처음 교토에서 강연을 열고 스미노쿠라 소안과의 친분을 통해 근세 유학의 시조라고 불린 후지와라노 세이카藤原惺窩를 만났을 뿐 아니라 스스로도 교토에 학교를 설립할 계획을 가지고 있었다. 그리고 후지와라노 세이카를 학장으로 추대하려고 했던 것처럼 세이카의 위상은 독보적이었다. 그의 문하에서 기노시타 준안, 마쓰나가 샤쿠고, 야마자키 안사이, 아사미 게이사이 등의 뛰어난 유학자가 다수 배출되었다. 그들의 학문은 교학京学이라고도 불렸다. 물론 주자학의 틀을 벗어난 것은 아니었지만 에도 쇼헤이코의 관학官学과는 다른 학풍을 지니고 있었다.

이윽고 겐로쿠 시대를 중심으로 이토 진사이伊藤仁斎가 등장했다. 이토 진사이는 호리카와 마루타마치의 목재상 집안에서 태어났다. 모친은 렌가連歌로 유명한 사토무라가 출신으로 교토의 3대 부호인 스미노쿠라가와도 인척관계였다. 교토의 부유한 상가 출신인 이토 진사이는 히고, 기슈 등의 영주가 불러도 가지 않고 평생 면학에 힘썼다. 그런 그가 심취한 주자학이 관학으로서 학문적인 비판을 받게 되었다. 일찍이 주자학에 있어서는 이토 진사이와 전혀 다른 길을 걸었던 야마가 소코山鹿素行도 정치·사회적 측면에서 많은 비판을 받았지만, 진사이는 이런 비판을 학문적 입장에서 분석하고 원시 유교로의 복귀를 주창하며 새로운 고기학古義学을 이끌었다. 권력에 얽매이지 않는 이런 주장은 간에이 시대부터 이어진 교토 시민의 정신이 그의 핏속을 면면히 흐르고 있었기 때문이 아닐까. 그가 세운 고기도古義堂(고의당)는 아들 이토 도가이伊藤東涯가 이어받아 자손 대대로 그 명맥을 이었다. 지금도 호리카와의 구舊저택에 그 흔적이 남아 있다. 고기도에는 교토의 학문이 가진 관학에 대한 비판적 정신이 드러나 있다고 해도 과언이 아니다.

보통 상인들의 세계에서 매사를 보는 관점은 대개 관념적이기보다는 경제적이고 형식보다는 실리를 중시하는 경향이 강하기 때문에 주자학과 같은 관념적인 사상 체계가 관학으로서 자리를 굳히고 있는 한 마치町의 학문이 성장하기는 쉽지 않다. 하지만 이토 진사이가 고기학을 통해 학문적인 입장에서 주자학을 비판하면서 사상의 속박을 벗어던진 많은 학문들이 자유롭게 성장하게 되었다. 이때 교토에서는 야마와키 도요山脇東洋와 요시마스 도도

吉益東洞 같은 의학자들이 나타났다. 학문뿐 아니라 예술 분야에서도 마루야마 오쿄円山応挙가 등장해 시조파四条派를 창시했다. 그는 가노파는 물론 다와라야 소타스俵屋宗達와 오가타 고린尾形光琳 시대의 주류였던 관념적인 화풍을 벗어나 사실성을 추구했다. 현대에 남아 있는 그의 사생첩을 보면 화려하고 섬세한 화조도 한 폭을 제작하기 위해 치른 눈물겨운 노력이 고스란히 드러난다.

학생 시절 호기심에 마루야마 오쿄의 낙관을 조사한 일이 있었다. 진필로 감정된 67점 중 '오쿄'라고만 기록된 것은 12점이었다. 그 밖에는 '모년계사某年季写 오쿄'라고 기록된 것이 43점, '오쿄 사写'라고 기록된 것이 10점, '오쿄 화画'라고 된 것은 2점뿐이었다. 오쿄가 모사를 얼마나 강하게 의식하고 있었는지를 알 수 있다. 오쿄 화画라고만 서명한 작품이 있다면 젊은 시절의 작품이거나 일단 위조품이라고 생각해도 좋다. 마루야마 오쿄가 개척한 새로운 화풍은 메이지 시대로 계승되어 교토 화단을 형성했다. 마루야마 오쿄의 묘소는 앞에서 이야기한 스즈메즈카와 가까운 고신지悟真寺(오진사)에 있다.

교호 시대부터 분카, 분세이 시대에 보급된 심학心学 역

시 다른 의미에서 많은 주목을 받았다. 이시다 바이간石田
梅巖이 제창한 심학은 평이한 도화道話를 통해 일상생활에
서 도덕의 실천을 설파했다. 검약과 정직을 중심으로 경
제와 도덕의 일치를 설파하고 상인의 영리 활동을 적극적
으로 긍정한 점 등에서 '조닌의 철학'이라고 불렸다. 이시
다 바이간이 세상을 떠난 후에는 제자 데지마 도안手島堵
庵이 뒤를 이었다. 후에 데지마 도안은 메이린샤明倫舍를
비롯한 많은 수행소를 열고 규약도 제정했다. 심학은 유
학도 국학도 아닌 별개의 교학으로 여성과 어린아이를 비
롯한 일반 민중을 대상으로 퍼졌다는 점에서 일종의 사
회 교화와 성인 교육에 기여한 역할이 크다. 그것은『슈게
슈치인시키』에서 말한 '여숙(마을 서당)'을 떠올린다. 마치의
주민들 속에서 성장한 심학의 폭넓은 교육 활동은 권력에
대한 비판 정신이 강한 고기도와는 매우 대조적이었지만
그 이상의 강력한 동력을 가지고 있었다. 지금도 교토에
는 메이린샤와 슈세이샤修正社 두 곳이 심학의 전통을 계
승하고 있다.

학구제

　메이지 원년(1868) 7월 에도의 이름이 도쿄東京로 바뀌고
사실상의 천도가 이뤄지자 교토는 큰 전환기를 맞았다.
이때 신산업 계획과 함께 나온 것이 교토의 새로운 천년의
기초를 쌓는 사업, 이른바 학구제의 창설이었다. 그런 학
구제가 마치구미町組 조직을 바탕으로 만들어졌다는 것은
매우 중요한 사실이다. 중세 이래의 마치구미가 학교를
단위로 재편성된 것이다.

표주에는 '메이지 천황 행차소교토부 진조중학교 터'라고 쓰여 있다. 후에
부립 제1고등여학교로 바뀐 후 지금은 오키고등학교가 되었다.

먼저 메이지 2년(1869) 5월 각 마치구미마다 초등학교를 설립하는 지역적인 학구제를 실시했다. 메이지 3년(1870) 말까지 64학구의 초등학교가 세워졌다. 산업 근대화의 첨단을 달린 교토는 교육 보급화에도 학교 제도의 모범을 보여주었다. 모든 지역이 학교를 기준으로 구분되고 학교와 지역 생활이 밀착했다. 학교 건물 위에 북을 설치해 주민들에게 비상 상황을 알리는 역할도 했다. 그야말로 마치 안의 학교, 학교의 마치라 부를 만했다. 후에 류치초등학교로 이름을 바꾼 가미교上京 제27번 초등학교는 가장 먼저 세워진 일본 최초의 초등학교였다. 류치柳池초등학교의 이름은 야나기노반바 오이케柳馬場御池의 지명에서 유래했다. 다른·초등학교들도 번호명에서 헤이안쿄 당시의 방坊 이름에서 유래한 교명으로 바꾸었다. 도다 방의 도다 초등학교, 가쿠치 방의 가쿠치초등학교 등으로 누가 생각해낸 것인지 모르지만 교토의 역사를 알 수 있는 예스러운 이름이다.

메이지 4년(1871)에는 중학교 4곳이 세워졌다. 이들 중학교에서는 외국인 교사의 어학 교육도 이루어졌다. 그 후 막부의 경호 시설이었던 소시다이所司代 터에 세워진 일본 최초의 중학교 후에 교토 부립 제1중학교(지금의 낙북 고등학교), 이듬해에는 도테마치의 구조가 구저택에 일본 최초의 여학교 뇨코바女紅場 후에 교토 부립 제1고등여학교(지금의 오키고등학교)가 세워졌다.

당시 교토의 교육 계획을 주도한 것은 산업 근대화와 마찬가지로 당시 참사관이었던 마키무라 마사나오槇村正直였다. 이미 도쿄에서 안세이 5년(1858) 5월 에도의 뎃포즈에 사숙을 세우고 메이지 4년(1871) 3월 미타로 자리를 옮겨 오늘날의 게이오의숙慶応義塾의 기초를 닦은 후쿠자와 유키치福沢諭吉가 같은 해 5월 교토를 방문했다. '명승고적을 둘러볼 여유는 애초에 없고 전람회 구경을 온 것도 아니니 먼저 교토의 학교를 둘러보았다.' 고코마치의 마쓰야 기치베호(지금의 마쓰요시 여관)에 묵은 후쿠야마 유키치는 이곳에서 교토의 학교를 시찰한 후 느낀 바를『교토 학교의 기록京都学校の記』에 남겼다.

학교를 세우고 민중을 교육하는 것은 내 오랜 바람이다. 오늘 교토에 와서 비로소 그 실재를 볼 수 있었다. 그 기쁨은 마치 고향에 돌아와 지인과 벗을 만난 것 같았다. 이

학교를 보고 느끼는 바가 없다면 보국의 마음이 없는 사람이다.

후쿠자와 유키치는 이런 말로 후기를 끝맺었다. 그는 다른 지방에서도 교토의 학구제를 본받아 학교를 세움으로써 온 나라가 학교 교육을 받은 사람들로 가득할 날을 기대했다.

교토의 학구제에 깊은 관심을 보인 후쿠자와 유키치에게 마키무라 지사는 게이오의숙의 분교 설립을 위촉했다. 당시 게이오의숙은 외국어 교육의 선구적인 역할을 담당하고 있었다. 그 필요성을 통감한 마키무라 지사의 제안을 받아들인 후쿠자와 유키치는 메이지 7년(1874) 1월 교토에 게이오의숙의 분교를 열었다. 장소는 교토부청 터에 세워진 임시 중학교 내의 건물로 후쿠자와 유키치의 문하 쇼다 헤이고로荘田平五郎를 주축으로 도쿄의 미타에서 출장 온 교사가 수업을 진행했다. 후쿠자와 유키치가 쇼다 헤이고로에게 쓴 편지에는 다음과 같은 내용이 남아 있다.

교토 분교에서 관 특유의 곤란한 행정 때문에 신구新宮

씨가 우려하는 바는 지극히 당연하나 내가 지향하는 바는 인정을 바탕으로 가르치는 사람이나 배우는 사람이나 불편함이 없기를 바라는 것이니 더는 관립 중학교에 얽매일 필요 없이 관리와 여러모로 상담한 후에 제가 학교를 맡아 운영하려고 합니다. 1874년 2월 23일

교토의 교육에 대한 후쿠자와 유키치의 열의가 엿보인다. 강당 하나뿐인 학교였지만 마찬가지로 후쿠자와 유키치가 쓴 『교토 게이오의숙의 기』에 따르면 입학, 교수법, 수업료, 휴업, 서적, 학생의 자세 등이 유명하다. 당시의 학생은 십수 명이었다. 같은 해 4월 교수의 출장 문제로 학교는 문을 닫게 된다.

후쿠자와 유키치가 교토에 품었던 기대를 완전히 다른 입장에서 실현한 것은 니지마 조新島襄였다. 니지마 조는 일찍이 난학蘭学(네덜란드어 서적을 통해 서양 학술을 연구한 학문-역주)을 배우고 메이지 유신 이전에 몰래 미국으로 건너가 10년 동안 유학했다. 일본으로 돌아온 그는 메이지 8년(1875) 교토부의 고문으로 마키무라 마사나오와 함께 학구제 실시에 앞장섰다. 야마모토 가쿠마와 도시샤同志社 재

단을 결성하고 도시샤영학교同志社英学校를 설립했다. 그는 기독교주의를 바탕으로 자유주의, 민주주의, 국제주의의 교육을 지향했다. 교육의 편향주의를 배제하고 양심의 함양에 집중한 교육을 통해 수많은 지식인을 배출했다. 도시샤의 기풍이 기독교주의의 방침에서 비롯되었다는 것은 부정할 수 없지만 동시에 도시샤를 키운 교토의 정신적 풍토도 간과할 수 없다. 이마데가와 대로를 사이에 두고 교토 임제종의 본산 쇼코쿠지相国寺(상국사)와 나란히 자리 잡은 도시샤대학교의 서양식 건물이 지극히 교토다운 대조를 보여준다. 도시샤가 세워졌을 무렵 이 일대의 생기 넘치는 풍경을 상상하는 것만으로도 흐뭇한 기분이다.

대학 이야기

이윽고 교토 동북쪽의 요시다 산기슭 히가시東 1조가 근대 학문의 연총으로 발전했다. 이 요시다산 중턱에 있는 요시다吉田 신사와 다이겐구太元宮(태원궁)는 중세에 신도 교학의 중심이었다. 참으로 기묘한 대조가 아닐 수 없다.

요시다 신사는 조간 원년(859) 후지와라 씨의 정치 진출이 시작될 무렵 나라의 가스가春日 신사를 권청해온 곳으로 산 중턱에 주홍빛이 아름다운 신전 네 채가 아담하게 서 있다. 본사에서 동남쪽으로 조금 더 올라가면 주홍색으로 칠해진 도리이鳥居(신사 입구에 세운 기둥문-역주)와 울타리를 두른 제장祭場이 있다. 중앙에는 회랑으로 연결된 다이겐구가 있다. 게이초 6년(1601)에 조영된 팔각당으로 지붕에 장식된 독특한 지기千木(신전 건축 등에서 지붕 위에 X자 형으로 교차시킨 길다란 목재-역주)와 가쓰오기勝男木(지붕에 직각 방향으로 놓인 원기둥 형태의 목재-역주)도 신비감을 더한다. 다이겐구의 좌우에는 헤이안 시대의 법령집『엔기시키延喜式』속 일본 신 3132구가 모셔져 있고, 배후에는 게구슈外宮宗(외궁종), 나이구겐內宮源(내궁원)이라는 이세 신궁의 신을 모셔온 사당도 있다. 오닌·분메이의 난으로 교토가 초토화된 분메이 16년(1484) 요시다의 신관 요시다 가네토모吉田兼俱는 나이구겐을 비롯한 전국 신사의 본원임을 주장했다. 당시 전국에 나타난 총사惣社(여러 신사의 제신을 한곳에 모아 참배하는 신사-역주)가 지역적 봉건제의 신사판版이라면 다이겐구는 중앙 집권화를 꾀한 것이라고 할 수 있다. 당시 막부의 실력자였던 히노 도미코의 지지를 얻은 것도 정치적인 의도가 분명했다. 어쨌든 그런 과정을 통해 요시다 신도神道라고 불리는 교학이 탄생했다. 이 산을 가구라오카神楽岡라고 부른 것도 그런 유래가 있었기 때문이다. 다이겐구는 초토화된 교토 땅에 새로운 정신적 지주가 되었을 것이다. 다이겐구를 참배하면 전국의 모든 신을 참배하는 것이었으니 말하자면 교토 부흥책의 하나였을 것이다. 지금도 입춘 전날이면 참배객으로 혼잡을 이룰 정도이다.

가구라오카에서 유래한 신료神陵라는 이름은 메이지 시

대학 설립 초기부터 자유로운 연구 학풍을 중시해온 교토대학교.

대에 제3고등학교 학생들에 의해 퍼졌다. 당시 도쿄 무코가오카向ヶ岡에 있던 제1고등학교의 별칭인 고료向陵와 마찬가지로 가구라오카(요시다산)에 있는 학교라는 뜻이었다. 제3고등학교는 메이지 초기 교토가 아닌 오사카에 설립된 이화학 연구기관인 세이미국을 기원으로 메이지 12년(1879) 오사카 전문학교, 메이지 18년(1885) 대학 분교가 되었다가 이듬해 제3고등중학교로 바뀐 후 메이지 22년(1889) 교토로 이전한 것이다. 그리고 메이지 27년(1894) 학제 개혁으로 제3고등학교가 탄생했다. 당시 교정은 지금의 교토대학교 본관 자리에 있었다. 교토로서는 64개의 초등학교, 4개의 중학교와 함께 고등학교를 두게 되어 무척 기뻤을 것이다. 교토 시민들이 제3고등학교 학생들에게 품었던 친애감은 그런 의미에서 마치구미 제도와도 관계가 깊다.

이때부터 교토를 간사이關西 지방의 학문의 중심으로 만드는 구상이 적극적으로 추진되었다. 메이지 26년(1893) 자유당 대의원 하세가와 다이 외 32명이 교토에 대학 설립을 제안하는 안건을 내놓았다. 설립 경비는 기존의 문부성 직할 학교 일부를 폐지해 충당하면 된다는 의견이 나

올 만큼 적극적이었기 때문에 무사히 의회를 통과했다. 제3고등학교도 잠시 동안은 분과 대학 형태로 운영하다 대학 예과를 폐지하고 법학부, 공학부, 의학부가 개설되었다. 그때 러일전쟁이 발발하면서 설립 시기가 다소 늦어졌지만 전쟁이 끝난 메이지 30년(1897) 6월 문부대신 사이온지 긴모치西園寺公望의 주도로 교토제국대학교 설립이 결정되었다. 그리하여 교토대학교는 도쿄대학교에 대항하는 학문의 일번지로서 첫걸음을 뗐다. 도쿄가 정치의 중심지로서 관리 양성에만 몰두했던 것에 비해 교토는 정치에 얽매이지 않는 자유로운 세계에서 진리를 탐구하고 학문을 연찬하는 대학을 만들고자 했다. 이런 자유로운 분위기 역시 대학교 설립을 주도한 문부대신 사이온지 긴모치 영향이 컸다.

사이온지 긴모치는 메이지 유신 이전인 게이오 2년(1866) 불과 18세 때부터 교토 어소 내의 사저에서 매월 한두 차례 시 모임을 열었다. 당대의 유명한 시인 오노 고잔小野湖山, 라이 산요의 차남 라이 시호頼支峯, 야나가와 세이간梁川星巖의 미망인 고란紅蘭, 야마나카 세이쓰山中静逸 등이 그 모임에 참석해 고금의 시문을 논했다. 그러다가도 금세 시국을 논하는 평론회가 되기도 했다고 한다. 메이지 유신으로 산인도山陰道 진압, 에치고·아이즈 정벌 임무를 마치고 교토로 돌아온 사이온지 긴모치는 또다시 앞에서 이야기한 시 모임을 기반으로 사숙을 열고 그 이름을 『맹자』의 진심 편에서 유래한 '리쓰메이칸立命館'이라고 칭했다. 사숙의 교사는 빈사賓師라 칭하고 히로세 세이손広瀬青村, 마쓰모토 류松本竜, 에마 덴코江馬天江, 고야마 호요神山鳳陽 등의 저명한 학자들을 추대했다. 이 사숙에 모인 학생 수가 100여 명에 이르자 숙장실을 증축해 교사로 충당했다고 한다. 하지만 사숙의 명성이 높아지자 교토부청은 시국 토론 등으로 정부 시책에 대한 비판이 일 것을 우려해 사숙을 폐쇄했다.

당시 나가사키에서 프랑스어를 배우고 있던 사이온지 긴모치는 리쓰메이칸의 부흥을 기약하며 메이지 3년(1770) 11월 프랑스로 떠났다. 이때의 추억은 20년 후 교토에 대학 설립 안이 나왔을 때 그의 마음을 스쳤을 것이다. 젊은 시절 학교 설립을 강하게 염원했던 그는 관립이라고는 해도 교토의 대학 설립에 얼마나 기대를 품었을지 충분히 짐작이 된다.

그리하여 교토제국대학교는 메이지 30년(1897) 9월 이공과대학이 설립되고 2년 후 9월에는 법과대학과 의과대학이 개설되었다. 이공과대학이 제일 먼저 개설된 것은 오사카 세이미국의 전통을 계승한 제3고등학교의 시설을 교사로 이어받았기 때문이다. 이때 제3고등학교는 지금의 교양부 부지로 이전했다. 당초 예정된 네 학과 중 문과대학은 취임 예정 교수들의 해외 유학과 러일전쟁의 기운이 고조되는 등의 사정으로 늦춰져 전운이 진정된 메이지 39년(1906) 9월에 개설되었다. 이처럼 모두의 기대 속에 발족한 교토대학교에는 교토의 학문이 지닌 전통이 면면히 이어지고 있었다. 특히 권력의 압박에는 항상 강하게 반발하며 대학의 독립과 학문의 자유를 지켰다. 예컨대 메이지 36년(1903) 5월 도쿄제국대학교를 중심으로 도미즈 히론도戸水寛人 박사를 비롯한 소위 일곱 박사 사건이 일어나자 교토제국대학교의 법과대학 교수들이 하나가 되어 행정처분의 철회를 위해 투쟁했으며, 다이쇼 2년(1913)에는 교토제국대학교에서 일어난 사와야나기沢柳 사건에서도 교토의 대학은 학내의 행정 자치를 지켜냈다. 그 밖에도 쇼와 8년(1933) 다키가와滝川 교수의 휴직 문제로 일어난 교토대학교 사건 등 훌륭한 저항의 역사를 남겼으며, 그런 자유로운 대학에서 새로운 사회를 이끌어갈 사상과 신념을 지닌 인물들이 배출됐다.

쇼와 8년의 교토대학교 사건을 계기로 사사키 소이치佐々木惣一 박사를 비롯해 면직 처분을 당한 교수들이 모두 사립대학인 리쓰메이칸대학교로 옮긴 일은 당시 사람들에게 큰 감동을 주었다. 교토제국대학교 창설을 이끈 사이온지 문부대신의 비서관에서 교토제국대학교의 사무관이 되어 대학 창설에 힘쓴 나카가와 고주로中川小十郎는 법과대학 교수들을 강사로 내세워 민간에 대학 교육 보급에 대해 설명하고, 메이지 33년(1900) 가모강 일대 히가시산본기의 요정 2, 3층을 빌려 야간학교인 교토법정학교를 설립했다. 얼마 후 교사를 옮기고 교명도 대학으로 바꾸었다. 다이쇼 2년(1913) 12월 사이온지 긴모치의 산인도 진압 이래 맺은 깊은 인연으로 메이지 원년(1868) 사숙 리쓰메이칸의 칭호를 계승하는 동시에 사이온지 긴모치를 건학의 시조로 추대했다. 리쓰메이칸대학교가 교토대학교에서 면직당한 교수를 받아들인 것에도 사이온지 긴모치와 관련한 특별한 인연을 느낄 수 있다. 당시의 교토대학교 사건의 추이는 일본 대학의 운명을 좌우하는 중대한 기로에 놓여 있었다. 그 결과가 앞선 사와야나기 사건과 달리 대학의 자치가 유린당하고 자유를 박탈당하는 형태로 끝난 것은 참담한 일이 아닐 수 없다. 그리고 이 사건을 전제로 학문과 사상의 탄압이 날로 심해지면서 시국은 점차 긴박해졌다.

전후 교토의 대학교는 과거 교토대에서 쫓겨난 다키가와 교수가 교토대 총장이 되었듯 모든 사회의 변화와 마찬가지로 큰 전환기를 맞았다. 그리고 교토의 학문이 보여준 권력에 얽매이지 않는 자유가 얼마나 소중한 의미를 갖는지 다시금 깊이 인식하게 된 시대가 왔다. 교토의 대학이 남긴 저항의 역사가 비로소 바르게 평가받는 사회가 온 것이다. 국립대학과 사립대학 사이에 시립 미술대학과 단기 음악대학도 있고 오랜 역사를 지닌 교토 화단과 신선한 풍격을 지닌 교향악단도 활발한 활동을 보여준다. 교토는 역사적으로 학문과 예술의 도시이다.

앞으로 교토는 어떤 모습으로 존재할 것인가. 그것을 논의할 기회도 있으리라 생각한다. 하지만 지금까지 교토시가 국제 문화관광도시의 미명 아래 강력하게 추진해온 관광 지상주의에 대해서는 반성이 필요한 시점이다. 계절마다 열리는 교토의 다양한 종교적 행사를 하나같이 관광 자원으로만 소비하는 정책은 종종 논란이 되었지만, 그 과정에서 신앙과 관광의 타협점은 오로지 문화의 존중이라는 점이었다. 문화관광도시를 자부하는 이상 문화가 관광에 희생되어서는 안 된다. 오히려 문화도시로서의 철저한 자각이 관광의 목적을 달성할 수 있을 것이다. 더 나아가 교토의 새로운 발전을 위한 공업도시화도 논의되어왔다. 하지만 그것도 나가오카마치, 무코마치 등의 근접지역을 합쳐 공업지대를 조성하는 것이라면 단순히 세수를 늘리기 위한 타력본원에 불과하다는 비판을 면치 못할 것이다.

한편 교토의 전통 산업의 미래는 과연 어떤 모습일까. 니시진오리, 기요미즈야키, 교토 부채도 모두 관광 산업인 동시에 문화 창조의 일면을 담당하고 있다. 그것을 깊이 인식할 때 비로소 새로운 활로가 열릴 것이다. 도쿄의 정치, 오사카의 경제와 비교하면 교토는 문화, 즉 학문과 예술의 도시이다. 도쿄와 오사카가 나날이 학문과 예술의 분위기로부터 멀어질 때 교토의 역할은 더욱 막중하다. 세 도시의 이런 관점은 점점 더 분명히 드러날 것이다.

역자 후기

　이 책을 옮기는 동안 나는 저자의 안내를 따라 교토의 전 지역을 두루 누비며 한 곳 한 곳에 얽힌 역사와 문화의 흔적을 돌아보았다. 수만 년 전 역사의 태동부터 현대에 이르기까지 교토의 역사와 지역을 하나로 엮어낸 저자의 풍부한 지식과 안목은 그간 내가 알고 있던 교토에 대한 단편적인 지식을 뛰어넘는 깊이 있는 모습을 보여주었다. 내게는 저자가 의도한 교토의 지리적, 역사적 고찰이 충분히 효과적이었던 것이다.

　15장으로 구성된 15개의 시대와 15개의 공간의 역사를 마치 여행하듯 쉽고 깊이 있게 풀어낸 저자는 참으로 믿음직한 안내자이자 역사 해설가였다. 도쿄의 번화한 거리보다 고즈넉한 사찰과 전통이 살아 숨 쉬는 교토의 소박한 거리 풍경을 좋아하는 사람들이 많을 것이다. 하지만 외국인인 우리가 교토를 방문해 그 아름다운 자연환경과 천년의 역사와 전통의 정수를 느끼고 돌아오기에는 쉽지 않은 일이다.

그런 의미에서 이 책은 교토에 대한 더욱 깊고 넓은 시각을 갖게 해줄 것이다. 이 책을 읽는 분들이 교토와 교토의 역사에 대해 더 큰 흥미를 갖고 깊이 들여다볼 수 있는 계기가 되었으면 한다. 무엇보다 이렇게 본격적인 교토 안내서이자 훌륭한 교양역사서를 국내에 소개할 수 있게 된 것에 감사한다.

2019년 3월
김효진

쪽	사진명	제공자
표지 그림 1	교토 거리의 시라카와메	이와나미 영화 제작소
표지 그림 2, 3	서쪽 하늘에서 내려다본 교토 전경	교토시 관광국
	조몬 시대의 주전자	리쓰메이칸대학교 고고학 연구회
	동사의 아침 시장	교토시 관광국
	야스라이 마쓰리	교토시 관광국
	오조고쿠라쿠인	이와나미 영화 제작소
	삼십산간당 내부	이와나미 영화 제작소
	묘에 상인 좌선도	단코샤淡交社
	하늘에서 본 마치	이와나미 영화 제작소
	교토의 민가	아제치 교헤이畦地享平
	병풍 마쓰리	교토시 관광국
	기온 마쓰리 야마보코 순행	교토시 관광국
	큰 대 자 횃불	교토시 관광국
	백로 춤	요시마쓰 야스오吉松康雄
	히운카쿠	이와나미 영화 제작소
	가쓰라 이궁	이와나미 영화 제작소
	니시진의 직조 장인	이와나미 영화 제작소
	쇼킨테이의 미닫이문	이와나미 영화 제작소
	교토 염색의 풍경	교토시 관광국
	부챗살 말리는 모습	교토시 관광국
	부락의 거리	후지카와 기요시藤川清
	소 어소	이와나미 영화 제작소

교토의 주요 문헌 안내

교토 일반에 관한 학술적인 저서에 한해 주요 문헌을 소개한다.

전전戰前
○ 『교토 총서京都叢書』 전 17권 / 동 간행회 / 1933
  교와라베京童, 교스즈메京雀의 기록에 등장하는 교토의 명승지, 방목지 등 교토의 지지地誌를 수록. 색인으로 지명을 찾으면 쉽다.
○ 『헤이안 통지平安通志』 / 전 60권 12책 / 교토시 참사회 / 1895
  헤이안쿄 천도 1,100년 기념사업으로 교토의 모든 사상을 항목별로 전망한 서적.
○ 『교토 시사京都市史』 / 편년 강목 3권, 지도 편 / 교토시 / 1944
  교토시 기원 2,600년 기념사업으로 본편의 간행이 중단되었지만 지도 편은 이용 가치가 있다.
○ 『제도帝都』 / 기타 사다키치喜田貞吉 / 1915·1939
  교토만을 대상으로 한 저작은 아니지만 특히 헤이안쿄 창건과 하타씨의 관계 등에 관한 기록이 충실하다.
○ 『헤이안쿄 변천사平安京変遷史』 / 후지타 모토하루藤田元春 / 1930
  헤이안쿄 통사와 고지도 수록, 역사 지리학의 관점에서 교토를 개관한 최초의 시도.
○ 『교토 사화京都史話』 / 우오즈미 소고로魚澄惣五郎 / 1936
  교토의 역사와 서민의 생활을 언급한 8장과 교토 시민들의 특성을 서술한 1장 참조. 저자의 풍부한 학식이 드러난다.
○ 『교토 고습지京都古習志』 / 이노우에 요리토시井上賴寿 / 1943

교토부 전역을 답사한 연구로 특히 미야자宮座, 미야코宮講와 같이 사라져가는 집단에 대한 기록이 남아 있는 귀중한 자료.

전후戰後

○『교토京都』/ 교토시 엮음 / 1961

교토의 유혹오사라기 지로, 역사의 교토 I 하야시야 다쓰사부로, II 나라모토 다쓰야, 학문예술의 도시이지마 쓰토무, 공예의 전통요시다 미쓰쿠니, 교토를 걷다이부키 다케히코, 교토의 마쓰리시바타 미노루 등의 논설과 다수의 사진 수록.

○『교토 고적 여행京都古蹟行脚』/ 가와카쓰 마사타로川勝政太郎 / 1947

교토의 동서남북에 산재하는 고미술, 고적을 자세히 소개하는 친절하고 정확한 학술 안내서.

○『교토 역사 산책京都歷史散步』/ 나라모토 다쓰야奈良本辰也 엮음 / 1957

가와데 신서의 역사 산책 시리즈. 교토를 산책하며 장소에 얽힌 역사를 해설한다. 오래된 것에 대한 애착뿐 아니라 현대적 관심도 깊다.

○『교토의 매력京都の魅力』/ 나카무라 나오카쓰中村直勝 / 1959·1961

교토의 숨은 매력을 사사와 명소를 통해 소개, 역사를 보는 저자의 독특한 관점으로 설명하는 안내서. 사진·구즈니시 소세이葛西宗誠

○『료코총서綠紅叢書』/ 교토를 이야기하는 모임 / 1957

향토사가 다나카 료코田中綠紅가 이야기하는 교토 도시들의 전설과 사사의 행사 등의 식견을 50책의 소책자로 정리.

○『선사지역 및 도시권 연구先史地域及び都市域の研究』/ 후지오카 겐지로藤岡謙二郎 / 1955

선사지역으로서의 야마시로 분지, 도시권과의 메이지 시대 이후의 교토 지역을 경관 변천사의 입장에서 서술한 연구서.

○『일본 도시 생활의 원류日本都市生活の源流』/ 무라야마 슈이치村山修一 / 1953

고대·중세 교토의 도시 생활을 풍부한 사료로 재현한 연구서.

○『교토 사적 연구京都史蹟の研究』/ 니시다 나오지로西田直二郎 / 1961

과거 교토 사적 조사보고서에 실린 신센엔을 비롯한 교토시 안팎의 사적에 관한 조사 연구를 수록, 최근 상황도 새롭게 추가.

○『교토 지리 탐방京都 地理探訪』/ 다니오카 다케오谷岡武雄 엮음 / 1961
  교토의 지질, 교통, 산업 등을 지리학의 관점에서 꿰뚫어본 신선한 개
  론서.

○『교토京都』/ 혼조 에이지로本庄栄治郎 / 1961
  일본 역사 신서. 잘 알려지지 않은 교토의 근세 이후의 경제사에 관한
  개론서.

『추록』

○『신찬 교토 명소 도화新選京都名所図絵』/ 다케무라 도시노리竹村俊則 /
  1958~1965
  전 7권에 걸쳐 낙중 낙외를 소개하는 쇼와(1926~1989) 시기의 명소기.

○『교토의 역사京都の歴史』/ 교토시 엮음/ 1968~1976
  새롭게 엮은 시사 전 10권. 제10권의 연표와 편람은 특히 편리하다.

○『교토의 길—역사와 민중京の道—歴史と民衆』/ 하야시야林屋, 가와시마
  川嶋, 가마다鎌田 공저 / 1974
  '도성'의 발자취, '교토'의 굴곡, '교토'의 혼잡, '고도'의 발전과 교토
  거리의 역사를 서술한다.

색인

일본의 지성을 읽는다

001 이와나미 신서의 역사
가노 마사나오 지음 | 기미정 옮김 | 11,800원

일본 지성의 요람, 이와나미 신서!
1938년 창간되어 오늘날까지 일본 최고의 지식 교양서 시리즈로 사랑
받고 있는 이와나미 신서. 이와나미 신서의 사상 · 학문적 성과의 발자
취를 더듬어본다.

002 논문 잘 쓰는 법
시미즈 이쿠타로 지음 | 김수회 옮김 | 8,900원

이와나미서점의 시대의 명저!
저자의 오랜 집필 경험을 바탕으로 글의 시작과 전개, 마무리까지, 각
단계에서 염두에 두어야 할 필수사항에 대해 효과적이고 실천적인 조
언이 담겨 있다.

003 자유와 규율 -영국의 사립학교 생활-
이케다 기요시 지음 | 김수회 옮김 | 8,900원

자유와 규율의 진정한 의미를 고찰!
학생 시절을 퍼블릭 스쿨에서 보낸 저자가 자신의 체험을 바탕으로,
엄격한 규율 속에서 자유의 정신을 훌륭하게 배양하는 영국의 교육
에 대해 말한다.

004 외국어 잘 하는 법
지노 에이이치 지음 | 김수회 옮김 | 8,900원

외국어 습득을 위한 확실한 길을 제시!!
사전 · 학습서를 고르는 법, 발음 · 어휘 · 회화를 익히는 법, 문법의 재
미 등 학습을 위한 요령을 저자의 체험과 외국어 달인들의 지혜를 바탕
으로 이야기한다.

005 일본병 -장기 쇠퇴의 다이내믹스-

가네코 마사루, 고다마 다쓰히코 지음 | 김준 옮김 | 8,900원

일본의 사회·문화·정치적 쇠퇴, 일본병!
장기 불황, 실업자 증가, 연금제도 파탄, 저출산·고령화의 진행, 격차와 빈곤의 가속화 등의 「일본병」에 대해 낱낱이 파헤친다.

006 강상중과 함께 읽는 나쓰메 소세키

강상중 지음 | 김수희 옮김 | 8,900원

나쓰메 소세키의 작품 세계를 통찰!
오랫동안 나쓰메 소세키 작품을 음미해온 강상중의 탁월한 해석을 통해 나쓰메 소세키의 대표작들 면면에 담긴 깊은 속뜻을 알기 쉽게 전해준다.

007 잉카의 세계를 알다

기무라 히데오, 다카노 준 지음 | 남지연 옮김 | 8,900원

위대한 「잉카 제국」의 흔적을 좇다!
잉카 문명의 탄생과 찬란했던 전성기의 역사, 그리고 신비에 싸여 있는 유적 등 잉카의 매력을 풍부한 사진과 함께 소개한다.

008 수학 공부법

도야마 히라쿠 지음 | 박미정 옮김 | 8,900원

수학의 개념을 바로잡는 참신한 교육법!
수학의 토대라 할 수 있는 양·수·집합과 논리·공간 및 도형·변수와 함수에 대해 그 근본 원리를 깨우칠 수 있도록 새로운 관점에서 접근해본다.

009 우주론 입문 -탄생에서 미래로-

사토 가쓰히코 지음 | 김효진 옮김 | 8,900원

물리학과 천체 관측의 파란만장한 역사!
일본 우주론의 일인자가 치열한 우주 이론과 관측의 최전선을 전망하고 우주와 인류의 먼 미래를 고찰하며 인류의 기원과 미래상을 살펴본다.

010 우경화하는 일본 정치

나카노 고이치 지음 | 김수희 옮김 | 8,900원

일본 정치의 현주소를 읽는다!
일본 정치의 우경화가 어떻게 전개되어왔으며, 우경화를 통해 달성
하려는 목적은 무엇인가. 일본 우경화의 전모를 낱낱이 밝힌다.

011 악이란 무엇인가

나카지마 요시미치 지음 | 박미정 옮김 | 8,900원

악에 대한 새로운 깨달음!
인간의 근본악을 추구하는 칸트 윤리학을 철저하게 파고든다. 선한
행위 속에 어떻게 악이 녹아들어 있는지 냉철한 철학적 고찰을 해본
다.

012 포스트 자본주의 -과학·인간·사회의 미래-

히로이 요시노리 지음 | 박제이 옮김 | 8,900원

포스트 자본주의의 미래상을 고찰!
오늘날「성숙·정체화」라는 새로운 사회상이 부각되고 있다. 자본주
의·사회주의·생태학이 교차하는 미래 사회상을 선명하게 그려본
다.

013 인간 시황제

쓰루마 가즈유키 지음 | 김경호 옮김 | 8,900원

새롭게 밝혀지는 시황제의 50년 생애!
시황제의 출생과 꿈, 통일 과정, 제국의 종언에 이르기까지 그 일생을
생생하게 살펴본다. 기존의 폭군상이 아닌 한 인간으로서의 시황제
를 조명해본다.

014 콤플렉스

가와이 하야오 지음 | 위정훈 옮김 | 8,900원

콤플렉스를 마주하는 방법!
「콤플렉스」는 오늘날 탐험의 가능성으로 가득 찬 미답의 영역, 우리
들의 내계, 무의식의 또 다른 이름이다. 융의 심리학을 토대로 인간의
심층을 파헤친다.

015 배움이란 무엇인가
이마이 무쓰미 지음 | 김수희 옮김 | 8,900원

'좋은 배움'을 위한 새로운 지식관!
마음과 뇌 안에서의 지식의 존재 양식 및 습득 방식, 기억이나 사고의
방식에 대한 인지과학의 성과를 바탕으로 배움의 구조를 알아본다.

016 프랑스 혁명 -역사의 변혁을 이룬 극약-
지즈카 다다미 지음 | 남지연 옮김 | 8,900원

프랑스 혁명의 빛과 어둠!
프랑스 혁명은 왜 그토록 막대한 희생을 필요로 하였을까. 시대를 살
아가던 사람들의 고뇌와 처절한 발자취를 더듬어가며 그 역사적 의
미를 고찰한다.

017 철학을 사용하는 법
와시다 기요카즈 지음 | 김진희 옮김 | 8,900원

철학적 사유의 새로운 지평!
숨 막히는 상황의 연속인 오늘날, 우리는 철학을 인생에 어떻게 '사용'
하면 좋을까? '지성의 폐활량'을 기르기 위한 실천적 방법을 제시한다.

018 르포 트럼프 왕국 -어째서 트럼프인가-
가나리 류이치 지음 | 김진희 옮김 | 8,900원

또 하나의 미국을 가다!
뉴욕 등 대도시에서는 알 수 없는 트럼프 인기의 원인을 파헤친다. 애
팔래치아 산맥 너머, 트럼프를 지지하는 사람들의 목소리를 가감 없
이 수록했다.

019 사이토 다카시의 교육력 -어떻게 가르칠 것인가-
사이토 다카시 지음 | 남지연 옮김 | 8,900원

창조적 교육의 원리와 요령!
배움의 장을 향상심 넘치는 분위기로 이끌기 위해 필요한 것은 가르
치는 사람의 교육력이다. 그 교육력 단련을 위한 방법을 제시한다.

020 원전 프로파간다 -안전신화의 불편한 진실-

혼마 류 지음 | 박제이 옮김 | 8,900원

원전 확대를 위한 프로파간다!
언론과 광고대행사 등이 전개해온 원전 프로파간다의 구조와 역사를 파헤치며 높은 경각심을 일깨운다. 원전에 대해서, 어디까지 진실인가.

021 허블 -우주의 심연을 관측하다-

이에 마사노리 지음 | 김효진 옮김 | 8,900원

허블의 파란만장한 일대기!
아인슈타인을 비롯한 동시대 과학자들과 이루어낸 허블의 영광과 좌절의 생애를 조명한다! 허블의 연구 성과와 인간적인 면모를 살펴볼 수 있다.

022 한자 -기원과 그 배경-

시라카와 시즈카 지음 | 심경호 옮김 | 9,800원

한자의 기원과 발달 과정!
중국 고대인의 생활이나 문화, 신화 및 문자학적 성과를 바탕으로, 한자의 성장과 그 의미를 생생하게 들여다본다.

023 지적 생산의 기술

우메사오 다다오 지음 | 김욱 옮김 | 8,900원

지적 생산을 위한 기술을 체계화!
지적인 정보 생산을 위해 저자가 연구자로서 스스로 고안하고 동료들과 교류하며 터득한 여러 연구 비법의 정수를 체계적으로 소개한다.

024 조세 피난처 -달아나는 세금-

시가 사쿠라 지음 | 김효진 옮김 | 8,900원

조세 피난처를 둘러싼 어둠의 내막!
시민의 눈이 닿지 않는 장소에서 세 부담의 공평성을 해치는 온갖 악행이 벌어진다. 그 조세 피난처의 실태를 철저하게 고발한다.

025 고사성어를 알면 중국사가 보인다

이나미 리쓰코 지음 | 이동철, 박은희 옮김 | 9,800원

고사성어에 담긴 장대한 중국사!
다양한 고사성어를 소개하며 그 탄생 배경인 중국사의 흐름을 더듬어본다. 중국사의 명장면 속에서 피어난 고사성어들이 깊은 울림을 전해준다.

026 수면장애와 우울증

시미즈 데쓰오 지음 | 김수희 옮김 | 8,900원

우울증의 신호인 수면장애!
우울증의 조짐이나 증상을 수면장애와 관련지어 밝혀낸다. 우울증을 예방하기 위한 수면 개선이나 숙면법 등을 상세히 소개한다.

027 아이의 사회력

가도와키 아쓰시 지음 | 김수희 옮김 | 8,900원

아이들의 행복한 성장을 위한 교육법!
아이들 사이에서 타인에 대한 관심이 사라져가고 있다. 이에 「사람과 사람이 이어지고, 사회를 만들어나가는 힘」으로 「사회력」을 제시한다.

028 쑨원 -근대화의 기로-

후카마치 히데오 지음 | 박제이 옮김 | 9,800원

독재 지향의 민주주의자 쑨원!
쑨원, 그 남자가 꿈꾸었던 것은 민주인가, 독재인가? 신해혁명으로 중화민국을 탄생시킨 희대의 트릭스터 쑨원의 못다 이룬 꿈을 알아본다.

029 중국사가 낳은 천재들

이나미 리쓰코 지음 | 이동철, 박은희 옮김 | 8,900원

중국 역사를 빛낸 56인의 천재들!
중국사를 빛낸 걸출한 재능과 독특한 캐릭터의 인물들을 연대순으로 살펴본다. 그들은 어떻게 중국사를 움직였는가?!

030 마르틴 루터 -성서에 생애를 바친 개혁자-
도쿠젠 요시카즈 지음 | 김진희 옮김 | 8,900원

성서의 '말'이 가리키는 진리를 추구하다!
성서의 '말'을 민중이 가슴으로 이해할 수 있도록 평생을 설파하며 종교
개혁을 주도한 루터의 감동적인 여정이 펼쳐진다.

031 고민의 정체
가야마 리카 지음 | 김수희 옮김 | 8,900원

현대인의 고민을 깊게 들여다본다!
우리 인생에 밀접하게 연관된 다양한 요즘 고민들의 실례를 들며, 그
심층을 살펴본다. 고민을 고민으로 만들지 않을 방법에 대한 힌트를 얻
을 수 있을 것이다.

032 나쓰메 소세키 평전
도가와 신스케 지음 | 김수희 옮김 | 9,800원

일본의 대문호 나쓰메 소세키!
나쓰메 소세키의 작품들이 오늘날에도 여전히 사람들의 마음을 매료
시키는 이유는 무엇인가? 이 평전을 통해 나쓰메 소세키의 일생을 깊
이 이해하게 되면서 그 답을 찾을 수 있을 것이다.

033 이슬람문화
이즈쓰 도시히코 지음 | 조영렬 옮김 | 8,900원

이슬람학의 세계적 권위가 들려주는 이야기!
거대한 이슬람 세계 구조를 지탱하는 종교 · 문화적 밑바탕을 파고들
며, 이슬람 세계의 현실이 어떻게 움직이는지 이해한다.

034 아인슈타인의 생각
사토 후미타카 지음 | 김효진 옮김 | 8,900원

물리학계에 엄청난 파장을 몰고 왔던 인물!
아인슈타인의 일생과 생각을 따라가 보며 그가 개척한 우주의 새로운
지식에 대해 살펴본다.

035 음악의 기초
아쿠타가와 야스시 지음 | 김수희 옮김 | 9,800원

음악을 더욱 깊게 즐길 수 있다!
작곡가인 저자가 풍부한 경험을 바탕으로 음악의 기초에 대해 설명하는 특별한 음악 입문서이다.

036 우주와 별 이야기
하타나카 다케오 지음 | 김세원 옮김 | 9,800원

거대한 우주의 신비와 아름다움!
수많은 별들을 빛의 밝기, 거리, 구조 등 다양한 시점에서 해석하고 분류해 거대한 우주 진화의 비밀을 파헤쳐본다.

037 과학의 방법
나카야 우키치로 지음 | 김수희 옮김 | 9,800원

과학의 본질을 꿰뚫어본 과학론의 명저!
자연의 심오함과 과학의 한계를 명확히 짚어보며 과학이 오늘날의 모습으로 성장해온 궤도를 사유해본다.

IWANAMI 038

교토

초판 1쇄 인쇄 2019년 4월 10일
초판 1쇄 발행 2019년 4월 15일

저자 : 하야시야 다쓰사부로
번역 : 김효진

펴낸이 : 이동섭
편집 : 이민규, 서찬웅, 탁승규
디자인 : 조세연, 백승주, 김현승
영업·마케팅 : 송정환
e-BOOK : 홍인표, 김영빈, 유재학, 최정수, 이현주
관리 : 이윤미

㈜에이케이커뮤니케이션즈
등록 1996년 7월 9일(제302-1996-00026호)
주소 : 04002 서울 마포구 동교로 17안길 28, 2층
TEL : 02-702-7963~5   FAX : 02-702-7988
http://www.amusementkorea.co.kr

ISBN 979-11-274-2445-9 04910
ISBN 979-11-7024-600-8 04080

KYOTO
by Tatsusaburo Hayashiya
Copyright © 1962, 2009 by Satoshi Hayashiya
First published 1962 by Iwanami Shoten, Publishers, Tokyo.
This Korean print form edition published 2019
by AK Communications, Inc., Seoul
by arrangement with Iwanami Shoten, Publishers, Tokyo.

이 도서의 국립중앙도서관 출판예정도서목록(CIP)은 서지정보유통지원시스템 홈페
이지(http://seoji.nl.go.kr)와 국가자료공동목록시스템(http://www.nl.go.kr/kolisnet)
에서 이용하실 수 있습니다. (CIP제어번호: CIP2019010855)

*잘못된 책은 구입한 곳에서 무료로 바꿔드립니다.